藏書

珍藏版

鬼谷子

于立文 主编

贰

辽海出版社

目　录

二、舜的发展 …………………………………… (1)

三、夏启甘之战 ………………………………… (7)

四、葛伯之族 …………………………………… (10)

五、赵衰解君怒 ………………………………… (13)

六、神奇化腐朽，腐朽化神奇 ………………… (15)

七、从白往黑归 ………………………………… (16)

八、不可同日而语 ……………………………… (17)

九、不入虎穴，焉得虎子 ……………………… (19)

一〇、尺有所短，寸有所长 …………………… (20)

一一、不识丈夫的妻子 ………………………… (22)

一二、前事不忘，后事之师 …………………… (23)

一三、塞翁失马，安知非福 …………… (24)

一四、广开言路 …………………………… (25)

一五、国人皆曰可杀 ……………………… (26)

一六、暗箭伤人 …………………………… (28)

一七、帮人答子 …………………………… (29)

一八、包藏祸心 …………………………… (29)

一九、舟中敌国 …………………………… (31)

二〇、众怒难犯 …………………………… (32)

二一、庄周梦蝶 …………………………… (33)

二二、好看的大米不发芽 ………………… (35)

二三、子余的先见之明 …………………… (36)

二四、老当益壮 …………………………… (37)

二五、短兵相接 …………………………… (40)

二六、马革裹尸 …………………………… (41)

二七、闻鸡起舞 …………………………… (43)

二八、宋徽宗传位太子 …………………… (45)

第二章 反 应

反应第一 ……………………………………… (49)

一、力行改革的齐相 ……………………… (56)

二、齐国田叔的计谋 …………………… (63)

三、近悦远来 …………………………… (68)

四、鲍鱼之肆 …………………………… (69)

五、变易是非 …………………………… (69)

六、藏垢纳污 …………………………… (71)

七、七步诗 ……………………………… (72)

八、言过其实 …………………………… (75)

九、饮醇自醉 …………………………… (78)

一〇、静待其变 ………………………… (80)

一一、两人一心 ………………………… (83)

一二、上行下效 ………………………… (85)

一三、优孟哭马 ………………………… (86)

一四、马车夫的得意 …………………… (88)

一五、斗伯比的意图 …………………… (90)

一六、揭竿而起 ………………………… (91)

一七、蔡邕知音 ………………………… (92)

一八、瓠巴鼓瑟 ………………………… (93)

一九、钧天广乐 ………………………… (94)

二〇、汉相国陈平 ……………………… (95)

二一、东方朔答武帝 …………………… (100)

二二、石勒识臣……………………（103）

二三、坐观成败结果………………（110）

二四、崔浩的预言…………………（111）

二五、唐玄宗错用人………………（117）

二六、豹死留皮的企图……………（119）

二七、吴棠酒令气钦差……………（120）

二八、赤膊上阵……………………（124）

二九、负重致远……………………（125）

三〇、梨园弟子……………………（127）

三一、靡靡之音……………………（129）

三二、霓裳羽衣……………………（130）

三三、濮上之音……………………（131）

三四、铜琶铁板……………………（133）

三五、薛谭学………………………（133）

三六、优孟衣冠……………………（135）

反应第二……………………………（137）

一、召陵之盟………………………（139）

二、伙夫智救武臣…………………（142）

三、苏代游说相应侯………………（147）

四、烛邹的三大罪状………………（150）

目 录

五、五张羊皮换人才 …………………………（152）

六、宽猛相济 …………………………………（153）

七、晋国苦奢 …………………………………（155）

八、草菅人命 …………………………………（155）

九、大逆不道 …………………………………（157）

一〇、东窗事发 ………………………………（158）

一一、英布谋反 ………………………………（159）

一二、项羽帐中杀宋义 ………………………（164）

一三、外黄小儿说服项羽 ……………………（166）

一四、项庄舞剑，意在沛公 …………………（169）

一五、司马昭之心 ……………………………（170）

一六、韩信背水一战 …………………………（171）

一七、冯唐妙语救魏尚 ………………………（174）

一八、虞延不拘小节 …………………………（176）

一九、徐福上书汉宣帝 ………………………（178）

二〇、班超智勇服鄯善 ………………………（180）

二一、周亚夫平叛大战 ………………………（184）

二二、挟天子以令诸侯 ………………………（187）

二三、适当的方法 ……………………………（188）

二四、斗智斗勇的书生 ………………………（190）

二五、李渊机智回信 …………………………… （191）

二六、欧阳修救狄青 …………………………… （193）

二七、唐胄上书进谏 …………………………… （200）

二八、任用官吏的规章 …………………………… （203）

二九、刮目相待 …………………………………… （205）

三〇、乐不思蜀 …………………………………… （208）

三一、生子当如孙仲谋 ………………………… （211）

三二、风声鹤唳，草木皆兵 …………………… （213）

三三、三箭定天 …………………………………… （217）

反应第三 …………………………………………… （220）

一、鸿鹄与鸡 …………………………………… （222）

二、拉断帽带 …………………………………… （224）

三、不受蒙蔽 …………………………………… （225）

四、民为邦本 …………………………………… （229）

五、牛头马肉 …………………………………… （230）

六、妒贤嫉能 …………………………………… （232）

七、恶贯满盈 …………………………………… （233）

八、尔虞我诈 …………………………………… （234）

九、邹忌照镜 …………………………………… （236）

一〇、一鸣惊人 …………………………………… （238）

目 录

一一、有备无患……………………………（240）

一二、愚者千虑，必有一得 ……………（242）

一三、远交近攻……………………………（243）

一四、孙膑装疯忍辱………………………（245）

一五、鹬蚌相争，渔人得利………………（250）

一六、把握机会……………………………（251）

一七、东山再起……………………………（252）

一八、李愬估吴元济………………………（253）

一九、书法比赛的齐高帝…………………（255）

二〇、赵鼎建议高宗………………………（258）

二一、陈子昂的推销………………………（261）

二二、皇太极招降祖大寿…………………（264）

二三、机不可失……………………………（270）

二四、风流人物……………………………（272）

二五、白鱼入舟……………………………（275）

二六、白雁落网……………………………（276）

第一章 捭阖

二、舜的发展

舜生长在山东菏泽市南五十里,离水泊梁山八十公里。舜为人短胖,身高跟武大郎差不多,据记载是六尺一寸,合一米四五,皮肤很黑,脑袋很圆很大,嘴大像鱼,缺少幽默感,总之不是美男子。他妈妈"握登"当初看见一条大虹,意念一感应,就生下了他。

这种怀孕方法当然使他爸爸大为光火。这孩子又是一副"重瞳子"——每只眼睛两个瞳孔。"徐悲鸿"大师在画大舜的时候,把他画成四个眼睛,上下两排,吃惊地瞪着,像四个大枣贴在切开的年糕里。而舜的爸爸偏偏是瞎子。自己的眼睛不够用,儿子的却富余。似乎上天把自己的什么夺走了,贴给了儿子。所以舜爸爸厌恶大舜。

舜17岁就志向远大,成了一名无业游动人员,卷着行李离家出外(也是因为爹妈不想再养他了,他常被老爹瞽叟殴打虐待)。他离开山东菏泽,北上两百多公里到了现在济南市以南的历山,那时的济南还都是狐狸之所居。舜看到这块土地肥美,就挖了个半地穴的窝

棚，开始种地。别的游民也跑来效法。但是舜的身子矮，拉犁使不上劲，于是改撒种子。由于个矮步子小，舜撒的种子都比别人密，第一年就初有收获。过了一年，人们开始为田垄的界限打架。舜给大家裁决，手段强硬刚忍，不服气的捣乱分子都混不下去而跑掉，留下一片齐整的垄亩，看上去井井有条。大家都服气舜的管理才能。

但是舜觉得种地不是他的理想，就告别人们恋恋不舍的目光，离开历山。（后来佛教传入中国以后，历山改名"千佛山"，山脚现有山东师范大学。师大学生背单词，常来千佛山。）

舜又向西去了接近中原的雷泽打鱼。他把丝绳系在箭尾，射向水里的鱼，再一拎丝绳，把鱼从水里拎出来了。舜瞄准时由于"重瞳孔"结构离奇，可以矫正光线在水和空气两种媒质中的传播偏差，往往歪打正着，每天都有十好几尾鱼的收获，把别人气得眼红。于是大家都来抢他的。由于小时候挨爹打，打惯了，舜能扛住更多的挨打，誓死捍卫自己的鱼，浑身伤血也不撒手，哪怕就剩半个鱼头，也在手里紧紧攥着。这个撅家伙的青皮精神很快镇住了大家。即使坏蛋也不得不佩服舜的意

第一章 捭阖

志力。他们殴打所不能夺走的鱼,舜在看他们确实饥寒的时候,反倒慷慨以鱼相赠,把他们感动地再也举不起拳头。一些曾把舜打得半死的家伙,都成了舜的好朋友,服气在他的脚下。于是人们都争先礼让,风气明显扭转,纷纷把风平浪静而又多鱼的迴水湾让给别人,而自己去湍濑急流处发展。舜成为当地一面精神旗帜。

接着,舜觉得打鱼这个行业技术含量不高,又迁移到别处学习手工制陶工艺,并遇上了另一个游民,叫做皋陶,是陶器行家,这体现在他的名字里。舜喊他阿陶。

舜和皋陶外出贩卖,把陶器运往北边的山东鄄城地区,以物易物,买卖公平,碎一个赔俩。由于销路好,搞活了买和卖两地的经济。舜的事迹很快传到尧帝的耳朵。

旁人告诉尧帝说:"舜这个人很厉害,烧陶还不是他的主业。他的本事是领导能力。舜懂礼让,又有石头一样坚强的性格。虽然口不设言,手不指挥,但是人们纷纷慕名前来依附。号称他所呆过的地方,一年就集聚成村,二年成邑,三年成都,只要一呼,四周百应,已是东夷人的精神偶像。"

尧帝想:"如果舜可以拢络住东方之夷人,并且效命于我,那我不就控制了东夷。我决定把两个闺女——娥皇、女英嫁给他,以此笼络住他,让他替我管理东夷。"

这一天,舜穿着尧帝赠送的细葛布衣服,身后跟着尧帝给的大群牛羊,咩咩哞哞,以及牛羊群衬托下的两个美少女——娥皇、女英,出现在弟弟象的面前。

等大哥介绍完了自己的艳遇,看见大哥以武大郎的身材却娶到了艳压群芳的两个潘金莲,舜的弟弟象又急又妒,好像蚌的壳子里进了砂,好不自在。

舜到了家,一件件地把冬天穿的鹿裘、夏天穿的葛衣、昭华之玉佩等等奢侈品,恭敬地送给爹妈。但舜的爹妈却不高兴,认为东夷族的舜入赘给华夏之人,是一种背叛,并且结婚也不事先通知家里。舜赶紧向父母表示诚挚的歉意。

娥皇和女英也都不因出身高贵而表现傲慢,对公婆都很礼貌。

在这样夕阳雨夜的夏日,农村没有什么娱乐,娥皇就拿出琴来弹奏。琴声如泣如诉,如梦如烟,伴着淙淙琴声。舜没有什么音乐细胞,就深吸一口气体,发出一

第一章 掉阎

声声长啸,振动着屋外的簧竹(起到了很好的防狼作用)。

舜成了阔人,他的暴发使后妈嫉妒得不行,眼睛血红,想霸占舜的财产,于是鼓动老公瞽叟干掉舜。于是瞽叟说:"舜啊,上去给粮屯的顶子涂一层泥巴吧,大风把顶子的茅草吹坏了。"

舜满口答应,回去告诉了娥皇和女英:"我爸爸很顽固,我后妈是个大嗓门,我弟弟心很傲。三个人都不好惹。不过我还是要听我爸的话,和完泥我就上去。"

娥皇点点头说:"听爹的话是应该的,只是今天热,你干活时候要戴上两顶斗笠防晒。"舜听了,觉得有些奇怪:"一顶斗笠难道不够吗?"舜糊里糊涂地戴上两顶斗笠爬上仓顶,给茅草涂防雨的泥巴。

正在涂呢,下面却突然燃起了烈焰,大火被风抽打着,好似喝醉了的红色妖精,越长越高。舜大惊,拼命喊救火,嗓子都喊哑了,只有他的两个媳妇跑了出来,冲他比划脑袋。舜大悟,赶紧摘下斗笠,一手举着一个,加两步助跑,腾空一跃,利用自己的初速度,借助火焰冲起的上升热气流,做较为缓慢的抛物线飞行,摇摇晃晃地滑了六秒钟之后触地,并且是借助他敦实的屁股实现了软着陆——舜成为人类历史上第一个"滑翔飞行伞"的尝试者,仗着身材矮胖,勉强没有摔死。

舜被俩夫人架着拖离试验现场,满头痛汗回家卧床。说是卧床,其实是卧地上(当时没有床。地上铺着轻软的兽皮,能卷能藏,还能隔绝湿气,是当时人理想的寝所,所谓"食肉寝皮"嘛)。

舜大难不死,把伤养好,瞽叟又生一计,叫舜去挖井。舜挖井的时候留了心眼,从井壁横挖了一个地道,开口于远处的地面,留作后路。等井不断加深,水终于明晃晃地涌出井底了,倒映着瞽叟和象在井口的脑袋。

象悄悄地说:"爸,可以了。趁舜还在底下挖,我们送大哥上天吧。"两人于是一起使劲,把预备好的大石头砸进井内,扑通扑通——好一阵折腾,等舜终于没有任何声音了,象大喜,飞跑着告诉后妈:"舜已经死了。老大归天了!"

象乐不可支地说:"舜的产业应该由我来分。老人爱财宝,年轻人爱色,尧的两个女儿归我,牛羊、粮仓和琴全给你们好了。"全家皆大欢喜。象弟弟得意洋洋地跑到舜的屋里去,抱着舜的琴美滋滋地弹起来。突然传来一阵脚步声,一个熟悉的声音在门口响起了:"象弟弟弹的很给劲哪，很有摇滚吉他的音乐风格啊。"

看见舜诈尸了，象的嘴巴半天都合不拢，好不容易才蹦出一句话："大哥，刚才——井意外塌了，我和爹妈正担心你呢，心思愁闷，才弹琴遣怀啊！"

舜微笑着："是啊，你们对我真好！好在我回来了，你们可以放心了。"

再往后，家庭内部就安静多了。

三、夏启甘之战

夏启继承了大禹的王位之后，脖子上戴着一串绿松石的珠子项链，在河南禹县北门外大集诸侯，祭祀了黄帝、颛顼、鲧先生和大禹等知名先祖。会后大摆宴席，狂饮奢食，为自己博得了"爱好声色、耽于享乐"的美名。与会代表中有一个来自陕西户县的"有扈（念户）氏"是夏启的族内老哥，可能是在酒菜里吃出了苍蝇，非常不满意，表示了造反的心声。

夏启怒不可遏地对臣下说："一个老哥尚且不能号令，何以号令天下诸侯？朕将御驾亲征，你们谁也别拦我！"于是他大起六军，西讨有扈国。

 鬼谷子

夏启的六军（也就五六千人）风尘仆仆来到陕西，交战之前，夏启感到有必要向部队申明纪律，于是召来六军训话："有扈氏罪大恶极，不执行我们的日历，侮辱了金木水火土。我夏启奉天之命，进行讨罚。"接着夏启杀气腾腾地警告左右唯命是从，六军吓得一吐舌头，不寒而栗。

夏启在喊话中还提到了战车，这是工程师"奚仲"的发明，由两匹马拉着一辆独辕车，上战场炝着蹶子跑，这是一种新鲜有趣而且生猛的玩艺儿，有两个木轱辘。"军"这个字，从繁体形象上看，即是古代战车。战车是怎么发明的呢？把牛车换上马就发明了。中国人知道马很晚，马是从西方传到夏朝的。

由于当时尚没有青铜，也就没有铠甲，甚至没有皮甲，而是使用一种叫做"石护肘"的防护设备，是石头打磨成的套筒，要趁少年时代套在手臂上，随着身体的成熟而与手臂长成一体。战斗时，把它举起来拦挡敌人的砍杀。一般勇士的石护肘上白痕累累，说明它的主人曾举着它多次参加凶狠的战斗。作一名石器时代的战士，需要很大的勇气。当时的箭头是石制的，穿透能力和放血效果不佳，所以要挨上好多箭才死。有一个出土

第一章 捭阖

的青年肚子里有十余枚石箭头，攒了这么多才死，真是了不起，中间一定很疼。

夏启和有扈氏的大战，史称"甘之战"，因战斗地点在陕西户县南郊的甘地而得名，双方死伤惨重：石球打烂了很多人的鼻子，因为砸得太卖力气而断了头的石斧与被砸瘪的人头相映成趣，由于牛筋不结实而断了的弓弦来不及更换新的，它的主人就被群集而至的敌人扎死，手里还兀自摸着腰间那根备用的弓弦……石器时代的战场特点一目了然，就像地震过后的倒尸，一切都被石器砸得扁扁的，贴在地上，血肉模糊，无从辨认，象饺子馅。而未来青铜时代的战场，躺在地上的人则类似一堆蜂窝煤——这是穿刺类兵器"戈矛"造就的效果。青铜武器都是穿刺类的，因为青铜质地脆，易断，所以不能劈砍，适合扎，把人扎得都是窟窿。铁器时代的战场则像收割后的庄稼地，因为铁器坚固且韧，可以做成劈砍的大刀，断敌人头和胳膊腿，很多麦穗和麦杆分了家。至于现代的战争那就仿佛海滩度假的人了，躺在地上看不出什么伤口，只是湿漉漉地淌出什么液体来。

"甘之战"，有扈氏被夏启的正规军打得尸横遍野，封国也亡了，有扈氏的子民都被罚做奴仆，担任牧猪的

工作。这其实是自然而然的事情,让失败的敌人在劳动中发挥余热,就像蚂蚁把战败的对手拖回洞里派苦力。

四、葛伯之族

商汤想进攻华夏,第一个障碍就是河南西部的葛国,挡在商汤与夏桀之间。汤先生觉得有必要颠覆这个小国,以方便染指中原,于是派出核查人员到葛国转了一圈,没有发现大规模杀伤武器,倒是看见国君"葛伯"是个好吃懒做的无神论者,不喜欢祭祀。因为祭祀需要烧掉埋掉大牛大羊,他舍不得。汤先生以此为口实,派人说:"贵国不敬上帝,长期拖欠缴给天神的会员费,我们特来问问为什么?"

葛伯正在啃羊腿,学名叫做炙羊腿:把羊肉串起来,架在火上烤,一边往上涂调料,以免烤糊了,这就是炙,做法类似现在的烤鸭。当时炙品有炙牛肉、炙羊肉、炙猪肉、炙雉、炙兔、炙鹌等等。把鲜嫩的牛羊鹿麋肉切成薄片,用调料浸了生吃也不错,类似日本人的生吃鱼片,这叫做脍。这就是所谓的"脍炙人口"。

葛伯放下肉碗,说:"我们这个地方不产牛羊,好

第一章 捭阖

不容易有几只也被我吃了,哪有富余祭祀天神?"

祭祀天神要求用纯一色的牛、羊、犬、豕,确实不好置办。汤先生就派人送了肥大的牛羊给葛伯去。结果葛伯把这群牛羊全都自己吃了,天神还是饿着肚子。

"您怎么还没有祭祀啊!"汤的外交人员大感不解。

葛伯又推脱说:"我们不是不懂得祭祀的重要,只是每次祭祀除了牛羊还得具办酒食。我们田中大旱,种不出粮食来,哪有酒食给天神?"

汤就派出一批商族劳动力前往葛地助农,商族老人小孩们往地头送饭。葛伯的老百姓觉得,等着庄稼长出来太漫长,现成就有饭在眼前,干脆先抢饭来吃了罢。于是冲上去要盒饭。一个送饭小孩坚持原则,反抗抢劫,说:"现在没有饭卡不给饭。"对方就急了,抡起石块把小孩砍死了。小孩临闭眼还攥着沾满了鲜血的盒饭。这个暴行激起了商族上下的愤慨,汤先生不失时机地组织起他的武装,成功地把葛国灭了。

商汤灭葛之前,干吗要费这么多外交周折呢?又是送饭又是送羊的。因为当时部族领袖还没有达到后世帝王那样的绝对权威,想让部族打谁就打谁。商族人不愿出去打仗,而更想在家务农。所以商汤又是送牛送羊又

是助农，以葛国的无理，来激怒商族人。当商族小孩被砍死，终于商族人群情激昂，跟着商汤大举灭葛。汤先生把"猪啊羊啊送给葛伯去"的学雷锋行动不能掩藏他故意制造战争借口的启图。

我们有理由相信，商汤灭葛的手段非常残忍。考古发现，商的战斗英雄们以猎取敌人的头颅作为荣耀，头盖骨是他们的最爱。那些奔逃着的葛国亡国者，被纷纷追上来刺倒。跌倒之后又被踩在脚下，用石斧在脑后制造斧痕。头盖骨齐着眉弓经耳际到后枕锯下来，做成饮酒的酒杯，是荣誉的象征。出土的头盖骨上往往留有砍偏了的痕迹，表明被砍者尚在挣扎，使得施暴者砍得不够齐整。

国破人亡、流血浮尸、呼号之声，经过时光大网的过滤，至今已微弱无闻。葛伯之族在亡国之后流离失所，成为葛姓的先人。原葛国的位置，在河南省西部的宁陵县。现在宁陵县已经不缺牛羊了。羊的存栏55万只，牛存栏7.3万头，猪就不用说了，28万头，是畜牧大县了，呵呵。被刻意丑化为馋鬼的葛伯的在天之灵，睹此该更馋了吧。希望宁陵人也经常祭祀喂养他一下。

五、赵衰解君怒

春秋时期，晋国有一位公子叫重耳，很喜欢结交一些有才能的人。当时国内有五位贤士紧紧地跟随着他，赵衰就是其中的一位。

忽然之间，晋国发生内乱。重耳的父亲晋献公宠爱一个妃子骊姬，想把骊姬生的小儿子奚齐立为太子，就把原来的太子申生杀了。太子一死，重耳和弟弟夷吾都感到处境很危险，于是分别仓皇逃到别的诸侯国去避难。重耳就和随从们一起逃到了他生母的祖国——狄国。五位贤士也依然跟着他。

狄国的国君对重耳很好，重耳在那里住了十二年后，觉得这样长久生活下去不是个办法，就决定到大一些的国家去谋求出路。他与几个贤士商量了一下，大家都觉得齐国最合适。于是重耳和随从告别狄国，向齐国走去，走啊走啊，一路上十分艰辛。他们经过卫国，卫文公不肯招待他们，所以他们的处境很狼狈，没有吃的东西，用的钱财也不多了。

一天，他们在荒无人烟的地方走了很久，都没看到

 鬼谷子

一户人家。最后实在是饿得受不了了,他们终于看到路边有一个种田的老头儿,只好向老头儿讨东西吃。

那个老头儿看到他们一个个身体强壮,衣着华丽,竟然白白地讨饭吃,于是想嘲笑嘲笑他们,就顺手从田里抓了一把泥土丢在碗里,递给他们。

重耳一看,简直气坏了,非常气愤地说:"我堂堂一个晋国的公子,怎么能被一个种田的老头儿这样侮辱呢?我一定要杀了你!"

随从们也恶狠狠地拔出刀来,想杀了这个老头儿。老头儿一看,吓得"卜通"一声跪在地上,浑身直哆嗦。

赵衰看到重耳真的生气了,老头儿将要性命不保,在这关键的时刻,他急中生智,连忙接过老头儿手里装满泥土的碗,恭敬地把它捧给重耳,说:"恭喜公子,您这是接受了老百姓奉献给您的土地呀!这可是个好兆头,说明您将拥有天下的领土啊!"

重耳听了这些话,想了一想,觉得赵衰说得也有道理。于是,他转怒为喜,虔诚地接过了泥土,又扶起老人说:"谢谢你,老人家!你给我这些珍贵的泥土,我一定会铭记在心。"说完,他就和随从们一起继续赶

路了。

后来，重耳又辗转七年，最后在秦国的帮助下，终于回到了阔别了十九年的晋国，当上了国君，他就是晋文公。他果然拥有了晋国的土地，应了赵衰当年的预言。

六、神奇化腐朽，腐朽化神奇

智慧想弄懂世间的所有道理，便到北方游历。一天，智慧来到玄水边，碰到无所谓。智慧对无所谓说："我想问你一些问题，具备有怎样的思想，怎样的考虑，才真正懂得道理呢？具有怎样的地方，怎样的行动，才能与道理相处呢？从什么路径，用什么方法，才可以得到道理呢？"智慧连问三次，无所谓都不回答他。

智慧得不到解答，于是又来到白水的南边，无意中又碰到了狂屈，智慧又将上面的问题去问狂屈。狂屈说："唉！道理我是懂得，我告诉你吧！"狂屈心里正想说出来，可一转眼又忘掉了他想说的话。

智慧还是没得到解答，就回到帝宫里去见黄帝，向他请教，黄帝说："没思想，没有考虑，才能懂得道理；

没有地方,没有行动,才能与道理相处;没有路径,没有方法,才能得到道理。"智慧接着问道:"你能说出道理,无所谓和狂屈都说不出来,到底谁真正懂得道理呢?"黄帝说:"无所谓是真正的懂得的,狂屈也差不多,我和你都是是不懂道理的人。因为真正的道理是说不出来的,能说的就早已不是道理了。人们往往把喜欢的认为是神奇,把厌恶的认为是臭腐,但天地间的事很奇怪("纂腐复化为神奇,神奇复化为臭腐。")。智慧听了黄帝的话后,他认为黄帝说得很对,就再不去弄懂到底什么是道理了。

七、从白往黑归

杨朱,是战国时著名的思想家,他认为万事"为我",反对"兼爱",他认为,人的本性就是自私自利的。他的弟弟杨布养了一只活泼可爱的小白狗,杨布很喜欢它。对杨朱说:"我这只小白狗非常讨人喜欢,一见到我,就摇头摆尾,亲热极了。"杨朱反驳说:"这并不表明什么,你经常喂它,因此它才对你亲热,这样可以骗得更多的食物。"杨布听了,心中很不痛快。"你那套'为我'的自私观点，竟然用到狗身上！"他讽刺说。

杨布平时爱好穿白衣服，一天外出，淋了一身雨，就把外面的白衣换成黑衣。返回家里，那小白狗竟向他"汪、汪、汪"地吠叫起来。杨布十分愤怒，随手拾起一根棍子就要打，一道来的杨朱立刻劝住了他，并说："何必呢？它把你认成了另一个人，因此要吠叫。现在我们换个角度，你的小白狗外出，回来时变成了一条小黑狗，你就不感到奇怪吗？你会认为是别人的狗，而别人的狗，不会对你摇头摆尾地表示亲热。所以，你也会表现出不能理解不认识的样子。"杨布知道杨朱在讽刺他，但细细一想，真的有一些道理。

八、不可同日而语

战国时期，苏秦是主张"合纵"的，他建议燕、赵、韩、魏、齐、楚六国联合抗击秦国。为了说服赵国的君主采纳他的建议，他从燕国来到赵国。赵王比较年轻，做君王的时间不长，很愿意听他的主张，于是便热情地接待了他。

鬼谷子

苏秦十分委婉地对赵王说:"现在贵国疆域有二千多里,军队有几十万,战车千部,战马几万匹,粮食够吃十年。就地形上分析,西有常山,南有漳河,东有清河,北邻燕国。目前秦国虎视眈眈,一心想把赵国吞掉,然而迟迟不敢举兵来征伐,是担心韩国和魏国打他的主意。所以说韩、魏两国也是贵国的屏障。可是秦国一旦占了韩、魏,那么赵国就就十分危险了。这就是我为大王忧虑的事情呀!想当年,尧没有什么地盘,舜没有一点土地,却能领有天下。禹不足一百个部属,却成为诸侯的领袖。成汤和周武王也不过三千士卒,三百战车,也做了天子。这是什么原因呢?因为他们都具有卓识远见。圣明的君主能够了解敌国的强弱,清楚自己士兵的数目、将士的优劣,没有必要非得等到在战场上厮杀,对于胜负、存亡就已经心中有数了。哪有只听议论,就贸然地决定国家大事的呢?我计算过各国的领土,六国的土地加到一起比秦国大五倍;六国的军队比秦国多十倍。如果你们六国合成一体,共同攻打秦国,那秦国必定失败。可是你们现在不做长远打算,只想着秦国,心甘情愿做人家的臣子。你们可应该知道呀,打败敌国和被敌国打败;别人当自己的臣子和自己当别人

的臣子,这两种状况可是不能够放在一起比较着说的呀!我的建议请大王深思啊!"

赵王对苏秦的主张十分感兴趣,决定封他为武安君,并赐给他一百辆车子,二万两黄金,一百双白璧和许多绸缎、衣物,让他去劝说其他几个国家。

九、不入虎穴,焉得虎子

东汉时候,班超跟随奉车都尉窦固和匈奴作战,建立了功劳。后被派出使西域,他首先到鄯善国。国王广早知班超的情况,对他十分敬重,但隔一个时期,一下子变得怠慢起来。班超召集同来的三十六人说:"鄯善国王最近对我们很冷淡,一定是北方匈奴也派有人来笼络他,使他犹豫不知顺从哪一边。聪明人要在事情还没有萌芽的时候就发现它的产生原因,何况现在事情已经十分明显了。"

经过打听,真的是这样。于是班超又对随行的人说:"我们现在处境十分危险,匈奴使者才来几天,鄯善国王就对我们这么冷淡,如果再过一些时候,鄯善国王可能会把我们绑起来送给匈奴。你们说,我们应该怎

么办？"当时大家坚决地表示愿听他的主张。他便继续道："不入虎穴，不得虎子。现在剩下的办法，就是在今天夜里用火攻击匈奴来使，迅速把他们杀了。这样一来，鄯善国王才会真心诚意归顺汉朝。"

这天夜里，班超就和他同去的三十六个随从，冲入匈奴人住所，奋力死战，用少数人力战胜了多数的匈奴人，后来就达到了预期目的。

一〇、尺有所短，寸有所长

白起，是战国时期秦昭王的大将，十分善于用兵。昭王十四年，破魏兵于伊阙，斩杀了二十四万兵丁，俘虏了魏兵主帅公孙培；十五年攻魏，取大、小六十二城；攻楚，拔郢都，烧夷陵，楚王逃走，把都城迁于陈；昭王三十四年，攻魏，斩首三十四万。尤其是昭王四十七年，秦、赵长平之战，白起断绝赵兵粮道，围赵兵，使得他们断粮四十六天，赵主帅赵括自带精兵突围，被射死，白起坑杀赵降卒四十万人，接着围住赵都邯郸。秦国的宰相应侯范雎妒忌他功劳太大，劝昭王和赵国讲和，下令撤军。白起看着马上就可以灭赵，却被迫撤军，心中不快，因此就和应侯结下怨仇。

这年九月，昭王又要攻赵，正好遇到白起生病，于是只好派王陵带兵，打了很久，损兵折将，昭王只好请白起去替王陵。白起已病愈，向昭王说："这仗不能打，我们的兵将已疲劳了，赵国的外援又快来了，邯郸是赵国的都城，城坚难下，他们会拼死保卫都城的。"所以他坚决不肯去。昭王改派王龁去换下王陵，又增派了许多军队，围城八九个月，还是攻打不下来。魏国信陵君带兵来救赵国，秦兵损失十分巨大。最后应侯只好亲自来请白起，白起还是不肯答应去带兵。昭王生气了，把他贬为士卒，接着逼着他自杀了。

司马迁评论道："谚语讲：'尺有所短，寸有所长'。白起估计敌情的准确，用兵变化之奇妙，奇计无穷无尽，威名震动天下。然而却没能和宰相搞好关系，最后导致身亡，这是他的短处啊！"

"尺有所短，寸有所长"，意思是说："尺"比起"寸"来，就长十倍，但是它有缺点（短处），因为一尺以下的长度它无法度量；"寸"比起"尺"来，当然短小得多了，但它有优点（长处），因为它可以度量短小的东西。

鬼谷子

一一、不识丈夫的妻子

鲁国的公扈和赵国的齐婴两个人有病，一同请求扁鹊给医治。扁鹊给他们治了病，等到两个人的病一起好了的时候，扁鹊便对公扈和齐婴说："你们过去所得的病，是从外部侵入到内脏的病，可以用药物和针灸治好。但是，现在你俩还有和你俩一同生下来的病，并和你俩身体一起生长的病。如今，我给你们治疗这种病怎么样？"公扈和齐婴说："我们想听听这种病的根据和效果。"

扁鹊对公扈说：

"你的心性深强而精神气质软弱，所以，考虑的虽多却缺乏果断；齐婴的心性软弱而精神气质深强，所以，考虑得少而过于专断。如果和齐婴换换你们的心，那么，你俩就会全都好了病。"

两个人都答应了，扁鹊就让他俩喝了药酒，昏迷了三天。这期间，扁鹊将他俩剖开了胸，拿出了心，然后交换着把心放回去，同时，也把神奇的药物放进去。三天过后，等到已经清醒像当初一样的时候，二人辞别扁鹊就回家去了。

接着，公扈回到齐婴的家，齐婴的妻子和孩子不认识他；齐婴也回到公扈的家，公扈的妻子和孩子也不认识他。这样，两家人就相互争论、辨识，在没有办法的时候，就到扁鹊那儿要求帮助辨识。扁鹊便把他们所以这样的原因讲清楚了，就这样，这场争论也就结束了。

一二、前事不忘，后事之师

晋国的智伯联络韩、魏两国军队，准备攻打赵国，形势十分危急。赵国的赵襄子采用卿大夫张孟谈的计谋，派人暗中做韩和魏两的工作，向他们说明，假如晋国灭亡了赵国，那么对韩、魏两国也十分不利，强大的晋国一定会进而灭亡韩、魏两国。后来，韩、魏与赵联合起来，放水夜袭智伯军队，一举获胜，活捉了智伯。

张孟谈协助赵襄子大功告成之后，就向赵襄子提出辞呈。他说："凡能统治天下的，一定要能够驾驭臣子，而决不能反过来让臣子驾驭自己。现在，我的名声显

赫,身价权力很大,大家都很信服我。因此我愿意抛弃功名,丢掉权力,离开大家。"

赵襄子听了这话,很不高兴,他说:"我听说辅助君主的人,才能名声显赫;功劳多的,才能身价高;对国家大事负责的,才能委以重任;自己忠义诚实,才能够使众人信服。你正是国家所需要的人才,为什么这时候要辞职呢?"张孟谈回答说:"您所说的是一个臣子应该做到的。而我所说的,是巩固君主政权的道理。因为我看到,历史上臣子的权力如果和君主的权力相等,总是没有一个有好结果的。不忘记以前的教训,就是处理以后事情的准则。您即使不同意我辞退,我也不可能再帮助您办事了。"赵襄子没有办法,只好同意张孟谈辞官。最后,张孟谈便弃官务农,当一个普通的老百姓。

一三、塞翁失马,安知非福

在边界一带地势险要的地方,住着一个善于用占卜之法推测人事吉凶的人。有一次,他家的马竟然越过边界,跑到胡人那里去了。遇到这样的不幸,人们都前来安慰他。这个善于占卜的老头却说"这怎么就不能算是一件好事呢?"

过了几个月之后,他家的马带着胡人的一匹骏马跑了回来,于是人们都祝贺他。可是这个老头却说:"这为什么就不能算是一件坏事呢?"由于家里添了好马,老头的儿子又喜欢骑马,骑着骑着,从马上摔了下来,跌断了大腿。人们又来安慰他。这个老头却又说:"这为什么就不能算是一件好事呢?"

一年之后,胡人入侵边境,年轻人都拿起武器参加战斗,十之八九都在战斗中死了,这个老头的儿子由于是个跛子,因此没有被召参军,最终父子双双都保全了性命。看来好事变成坏事,坏事变成好事,这里面的变化是无穷无尽的,这里面的道理也是深不可测的。

一四、广开言路

"广开言路"这句成语常用来指尽量创造使人们发表意见的机会。

此典出自《后汉书·来历传》:"朝廷广开言事之

鬼谷子

路,故且一切假贷。"

东汉安帝时,内侍江京和中堂侍樊丰等人诬告太子刘保谋反。安帝信以为真,打算废掉太子刘保,为此征求文武大臣的意见。大将军耿宝等人主张废掉太子,大臣来历则认为太子年幼无知,其主要责任不在他,不应废掉。汉安帝不采纳来历的意见,还是坚持把刘保废为济阴王。

来历见自己的意见没被采纳,便约袂讽等十多个大臣一起到安帝那里去为太子说情。安帝见此情形,便派人拿着诏书去威胁这些大臣说:来历、袂讽等人不识大体,居然敢和一些小人在一起吵吵嚷嚷,这哪里是对待君主的态度呢!朝廷广开言路的本意是让大家尽量发表意见,他们却把一切责任推给别人。如果谁再坚持己见,就处死谁。来历由于一再坚持自己的意见,结果被罢了官。

一五、国人皆曰可杀

"国人皆曰可杀"形容罪大恶极的人,全国人民都说他该杀。

第一章 捭阖

此典出自《孟子·梁惠王下》:"左右皆曰可杀,勿听;诸大夫皆曰可杀,勿听;国人皆曰可杀,然后察之,见可杀焉,然后杀之,故曰国人杀之也。"

战国时期,一次孟子和齐国国君齐宣王讨论关于考察和选拔使用人才的问题。孟子说:选拔人才,应当抛弃地位观念和亲疏观念。有时,地位低下的人可能会比地位高的人更有才能,关系疏远的人可能比关系密切的人更有才能。因此,地位高、同国君关系亲近的,并不一定都是贤能的人才。然而,地位低下、同国君关系不密切的人,往往不容易了解和被认识。所以,在考察一个人是否贤能的时候,需要特别慎重,而不能偏听极少数人的意见。就拿君王周围的情况来说吧,如果您的左右都说某人贤能,这个人未必就可以用;如果诸大夫也说这个人贤能,也未必可以用;但如果举国人民都说这个人贤能,君王再经过考察证实这个人确实贤能,然后才可以委以重任。如果您的左右都说某人不行,您先不要轻信;如果诸大夫也说其人不行,您也先别轻信;如果举国人民都说这个人不行,大王再经过考察证实这个人确实不行,然后再罢免。如果您左右的人都说某人可杀,您先不要轻信;

鬼谷子

如果诸大夫也说此人可杀,您也不要轻信;如果举国人民都说此人可杀,大王经过考察,证明这个人的确该杀,然后再杀他。这样,杀他的不是大王你个人,而是全国人民了。

一六、暗箭伤人

"暗箭伤人"比喻暗中用阴谋诡计伤害别人。

此典出自《左传·隐公十一年》,又见宋·刘炎《迩言》卷六:"暗箭伤人,其深次骨,人之怨之,亦必次骨,以其掩人,所以不备也。"

郑庄公准备去打许国,出征前拜颖考叔为大将,公孙子都和瑕叔盈为副将。子都没有当上大将,心怀不满,非常嫉妒,作战时不听指挥。

颖考叔上阵奋不顾身地杀敌,他身先士卒,一举杀了许国的大将,立了大功。许国军士抵挡不住,纷纷撤回城中,坚守不战。颖考叔为了取胜,便命令士兵用土垒台,以便翻入城中进攻。垒台完毕,颖考叔手执武器,跳上城头,进行厮杀。正在紧急时刻,公孙子都乘其不备,竟下毒手,对准颖考叔暗放一箭;颖考叔滚下城来，当场死去。瑕叔盈见颖考叔中箭身亡，以为是被敌人射死的，为了给他报仇，就迅速率领士兵冲上城头，奋力拼杀。不久城被攻破，许国战败，兵卒四散，许庄公也扮成百姓逃到卫国去了。

一七、帮人笞子

"帮人笞子"比喻有的人侵犯了别人的利益，还要强词夺理。

此典出自《墨子·鲁问》。

从前有一个人，他的儿子强横凶暴，为非作歹，不务正业，他就鞭打他的儿子。邻家的老人，也拿木棍来打他，边打边说："我之所以打你，完全是顺应你父亲的心意啊。"

这难道不是太不合理了吗？

一八、包藏祸心

"包藏祸心"原意是心中暗怀不良企图，后来也用它形容外表和善，内心险恶。

 鬼谷子

此典出自《左传·昭公元年》:"小国无罪,恃实其罪。将恃大国之安靖己,而无乃包藏祸心以图之。"

春秋时期,有一年,楚国的国君派他的弟弟公子围去郑国访问。郑国是小国,楚国是南方的大国。因而郑国希望能与楚国搞好关系,以便依靠它与别国抗衡。所以郑国的大夫公孙段决定把女儿嫁给楚国公子围,以结友好。不料公子围来迎亲时却带领不少兵马,怀有乘机吞并郑国的野心。所以郑国大夫子产非常警惕,没有让公子围进入京城。

子产派子羽去对楚国的客人说:"我们郑国的都城太小了,容纳不下你们那么多的随从,请在城外举行迎亲仪式吧!"公子围十分生气,就叫太宰伯州犁回答子羽说:"婚礼怎么可以在野外举行呢?我们临来之前已经在祖庙里祭告过祖先,如果在城外娶亲,岂不是羞辱我们楚国?而且你们这样做对郑国来说也不体面,对我们做楚国大臣的更是耻辱,回国后恐怕无法再做大夫了。因此我们不能接受郑国这样的安排。"

子羽板起面孔,声色俱厉地说:"我们郑国国家小,但国家小并不是错误,如果依赖大国而不加防备,那才是错误。我们本想用联姻的办法求得楚国的保护,可是

楚国却包藏祸心来打郑国的主意,我们是不能不警惕的呀!"

楚国的公子围和楚大夫们知道郑国早有防备,便答应不带兵甲进城,郑国这才同意了。这年的正月十五日,楚国的公子围进入郑国京城,接走了公孙段的女儿,立刻离开了郑国。

一九、舟中敌国

"舟中敌国"意思是说,坐在同一条船上的人彼此之间都变成了仇敌。人们用"舟中敌国"告诫世人,不讲德行仁义,就会导致众叛亲离。"舟中敌国",也作"敌国同舟"。

此典出自《史记·孙子吴起列传》。

战国时期,卫国人吴起善于用兵。起初,他在鲁国当将军。后来,鲁国国君有些不信任他。吴起听说魏文侯比较贤明,就投奔了魏国。魏文侯死后,他的儿子魏武侯即位,吴起转而侍奉魏武侯。有一次,魏武侯在黄河泛舟顺流南下。走了一段路程以后,魏武侯回头对吴起说:"美极了,我们的山河是多么雄伟而稳固!这是

我们魏国的宝贝呀。"吴起回答说:"国家的稳定在于德行如何,而不在于山川的险峻。舜时代,南方的部落有苗氏,虽然左靠洞庭湖,右有鄱阳湖的险阻,地形易守难攻。可是,由于朝廷不修德政,不行仁义,结果还是被禹灭亡了。夏末代王夏桀统治的地方,左有黄河、济水,右有泰山、华山,南临伊阙山,北靠长达四十里、仅有三步宽的羊肠坂道。但由于夏桀为政不仁,虽然拥有险要的地势,最后也被商汤放逐了。殷纣王的国家,左有孟门山,右有太行山,北有常山(即恒山),南临黄河。由于殷纣王不修德政,周武王还是将他杀掉了。由此看来,一个国家是否稳定、昌盛在于德政,而不在于地形是否险要。如果君王您不修德政,坐在这条船里的人也都会成为您的仇敌的。"魏武侯听后说:"你说得完全正确。"于是任命吴起为西河太守,吴起在魏国的声望也得到很大的提高。

二〇、众怒难犯

"众怒难犯"原意是众人的愤怒不可触犯,后指不能违背多数人的意愿。

此典出自《左传·襄公十年》:"众怒难犯,专欲难成,合二难以安国,危之道也。"

春秋战国时代,郑国由孔子当政,他建立载书(纪事)制度,根据官位的大小来决定刑罚的轻重。这个办法非常不公平,因此引起各国机关的小官吏以及许多人的反对,他们都不赞成这个法律。孔子遭到反对后恼羞成怒,想要惩罚带头反对的人。子产听说了这个消息,连忙去阻止他,并请求把载书烧毁,孔子反对说:"制载书是用来定国的,如果因为反对的人多而烧毁,是众人来治国了,我们怎能再办理国家的事呢!子产说:"众怒是难犯的,一个人的主张是不能成事的。"于是坚持将载书烧毁了。

二一、庄周梦蝶

"庄周梦蝶"比喻人生如梦,变化莫测。

此典出自《庄子·齐物论》:"昔者庄周梦为胡蝶,栩栩然胡蝶也。自喻适志与!不知周也。俄然觉,则蘧蘧然周也。"

战国时,著名哲学家庄周在大白天做了一个梦:他

梦见自己变成一只色彩斑斓的大蝴蝶，翩翩飞舞在开满鲜花的草地上，他一会儿停在黄色的花朵上，一会儿停在白色花朵上，一会儿又停在紫色的花朵上，那是多么愉快啊！此时此刻，根本不清楚自己就是庄周，完全沉浸在一片欢乐之中。忽然间，庄周一觉醒来，睁开眼睛，不禁大吃一惊：咦，我怎么是庄周呢？刚才明明还是一只蝴蝶！他摇了摇头，认真地思索着这样一个问题：就我个人来讲，不知道是做梦化为蝴蝶，还是蝴蝶做梦化为庄周？其实，不管怎样变化，万物的一生始终处在梦境之中。

这时，一个叫长梧子的人走来，庄周就将自己的想法告诉了长梧子，长梧子说："你思考的这个问题很有意思，就连黄帝那样的人听了，也会疑惑不解的。我听说过这样一件事情：艾地有一个小官吏，他有一个女儿，名叫骊姬，长得非常漂亮。晋献公知道后，找人将她接到宫里。离开艾地时，骊姬哭得非常伤心，眼泪将衣服都湿透了。等她到了晋献公的宫里，看到富丽堂皇的宫殿，吃着美味佳肴，觉得当初离开家乡时哭泣是很傻的行为。骊姬现在后悔当初的行为，可又怎么知道将来会不会后悔现在的行为呢？"

庄周听了，哈哈大笑起来，拍着长梧子的肩膀说："看来我们都处在似梦非梦之中！"

二二、好看的大米不发芽

春秋时期，吴国、越国这两个相邻的国家不断争来斗去，结果在公元前494年，吴国大获全胜，越国的军队几乎全军覆灭，国君践，不得不屈尊作吴国国君夫差的仆人。直到公元前。191年，夫差才放勾践回到自己己的国家。

勾践回到国内，便一心谋划灭掉吴国，报仇雪耻。但这必须首先使自己的国家强盛，使吴国贫困衰弱，然后才能诉诸武力。于是勾践命令人臣大种，到吴国支借10000担粮食。用来赈济国内的饥民。吴国国君觉得越国早已元气大伤，不会再构成对自己的威胁，就借给了越国。

第二年，越过农业获得大丰收。勾践找来文种，对他商议悦：去年我们借了吴国的粮食，如果不还，就失掉了信用，还可能给吴国找到攻打我国的借口。可真如数还给吴国。又对我国不利而有利于吴国。你看这个问

 鬼谷子

题如何处理呢?"

文种回答说:"我建议从粮食中精选出最好的一部分,蒸熟了还给吴国。精选的好稻谷,再经蒸熟,更显得粒大饱满,吴国人见此,必定会用来作稻种。这样,他们就中了我们的计了。"

勾践按照文种的计谋,如数归还了吴国粮食。吴国人果然为粒大饱满的稻谷所吸引,都留作第二年春播的种子。结果,这些蒸过的、看似漂亮的稻种都没有发芽,以致秋季颗粒无收,随之而来的是大饥荒和国内的动荡,吴国国力因此而大减,而给越国提供了复兴并最后战胜吴国的机会。

二三、子余的先见之明

春秋时期,越国的国君让他的大臣子余去督造一条大船。船造好后,有个商人请求做掌管船的官吏太子余没有任用他。于是商人离开越国,到了吴国,靠攀附王孙率而见到了吴国国君,并且说了越国大臣不能用他的事情。

有一天,王孙率和他在江边游览。忽然起了飓风,

江上的船都摇晃动荡起来,他就屈着手指指着江里的船对王孙率说:某条船将要翻了,某条船不会翻,果然都被他说中了。王孙率非常惊异,就把他推荐给吴国国君,让他做了主管船只的官。

越国人听说了这件事,都责怪子余。子余说:"我不是不知道他的这种本事,我曾经与他相处过,这是一个好说大话的人,他曾经说'越国没有人,比得上我'。我听说,'好说大话的人总是夸耀自己的优点,招来很多奉承',说没有人比得上自己的人,必然是经常猜度别人,而又没有一点自知之明。如今吴国重用这样的人,将来败坏吴国大事的必然是他。"越国人都不相信子余的话。

没过多久,吴国征伐楚国,吴国国君让那个商人掌握船只,船从太湖驶出吴国的江河,逼近扶胥口时,就沉没了。越国人这时才佩服子余的先见之明。

二四、老当益壮

"老当益壮"形容年纪虽老,志向更高。

此典出自《后汉书·马援传》:"(援)后为郡督

鬼谷子

邮，送囚至司命府，囚有重罪，援哀而纵之，遂亡命北地。遇赦，因留牧畜，宾客多归附者，遂役属数百家，转游陇汉间。尝谓宾客曰：'丈夫为志，穷当益坚，老当益壮。'"

西汉末年，扶风郡中有一个壮士名叫马援，志向远大。马援不仅知书识礼，而且精通武艺，所以他哥哥称他"大器晚成"。哥哥死的时候，马援持服行丧，侍奉寡嫂，恭敬尽礼非常周到。后来他做扶风郡督县官，奉命押送一批囚犯，一路上他看到囚犯们痛苦不堪的表情，不觉动了恻隐之心，于是马援把那批囚犯都放了，自己则逃亡到北方去。

马援在北方放牧，因为很有本事，养了几千头牲畜，马援常说："大丈夫为志，穷当益坚，老当益壮。"他把赚来的钱全都分给亲友，自己只穿破羊皮裤。

王莽末年，马援在隗嚣手下做大将。那时候天水隗嚣、四川公孙述和刘秀三足鼎立，公孙述在成都称帝，隗嚣派他到公孙述那里去打听情况，马援认为自己和公孙述是同乡，两人一定会相见如故，没料到公孙述摆出全副架势，由礼官赞礼，才引见他。马援看见公孙述如此装模作样，因而没说几句话就走了。后来马援又被派

第一章 捭阖

到洛阳见刘秀，刘秀立即热情地接见了他，还虚心地请教马援，他有哪些不如人的地方，并且亲自陪同马援到各处巡视，征求他对国事的意见。马援见光武帝能礼贤下士坦诚相待便留了下来。

马援在东汉做大将，被派去屯田，立下了很多的功劳。恰遇到南方交趾有女王聚兵造反，攻打边疆州郡，马援请命带兵出征，光武帝于是封他为伏波将军。马援带了水路各军，浩浩荡荡地出发了，在沿海进攻交趾，交趾军打不过他们，一败涂地，汉军乘胜直击交趾巢穴，女王退到一个山洞里，被汉军捉住杀了，马援平定了交趾。为了纪念战功，后人还建立了一个大铜柱。马援得胜班师回朝，朝中文武百官都赶到三十里外的地方去迎接他。马援谢道："男儿就是要拼死疆场，用马革包裹尸体回来。"

后来洞庭湖一带又发生了五溪蛮人作乱的情况，光武帝派兵征伐。因山泽瘴气薰人，汉军全军覆没，马援知道了，就向光武帝上禀，表示愿意自请带兵出征，光武帝看他想了一会儿说道："你年纪太老了吧。"马援道："我虽然六十二岁了，却还能披甲上马，不能算老。"马援穿好甲胄一跃登鞍，非常自豪觉

得自己还可以为国效劳,光武帝称赞他道:"这个老人家,真是老当益壮啊!"这位老将军又率领汉军为国立功去了。

二五、短兵相接

"短兵相接"用以形容敌我逼近,战斗激烈。

此典出自《楚辞·九歌·国殇》:"操吴戈兮被犀甲,车错毂兮短兵接。"

楚汉相争初期,有一次刘邦攻占彭城(今江苏徐州),项羽从山东回军南下彭城,刘邦大败;项羽部将丁公率军紧追不舍。追到彭城西,两军展开大战,刘邦看情形估计自己很难脱身,便对丁公说:"你我都是英雄,何必苦苦相逼呢?"丁公听了刘邦的这句话,就顺水推舟,引兵退去,刘邦得以脱身。

司马迁在描写两军相遇时,有"丁公逐窘高帝彭城西,短兵相接"之句,意思是说:丁公追逐刘邦到彭城之西时,两军迫近,用刀剑等短兵器相接战。古时打仗的兵器,弓箭称为"长兵",刀剑称为"短兵",近身作战,必须用短兵器,故叫做"短兵相接"。

第一章 捭阖

二六、马革裹尸

"马革裹尸"一词,最早见于《后汉书·马援列传》。原文的意思是:大丈夫应当战死沙场,用马的皮革包裹尸首,还葬故乡。

马援是后汉时期的一个重要将领。他生在前汉末年,12岁时父母双亡。哥哥马况让他学诗,学了好几年,也没有什么起色,马援便要求到边疆去放马。哥哥怕弟弟灰心,就鼓励他说:"汝大才,当晚成。"意思是你的才能很大,可能成熟得晚些。就是我们今天常说的"大器晚成"。

马援果然应验了哥哥的话——"大器晚成"。王莽末年,他被任命为新城大尹,就是汉中的太守。王莽败后,隗嚣拜他为绥德将军,后来,马援与隗嚣反目成仇。刘秀大军西征时,马援受到重用。刘秀让马援与群臣共商讨伐隗嚣之计。马援顺手将一袋米倒在席上,按地形堆成山川河谷,这大概就是世界上最早的沙盘模型。当时,刘秀高兴地大叫,敌军全在我眼中了!随后,刘秀大军便进占第一(今宁夏固原县),隗嚣军大

 鬼谷子

败。建武九年，马援被拜为太中大夫，建武十一年拜为陇西太守，是刘秀帐下有名的常胜将军。

光武帝刘秀基本统一中国后，为了发展经济，增强国力，极力避免战争。

建武二十年，马援班师回京后，刘秀赏赐给他一辆兵车，职务仅安排在九卿之后，封为新息侯。许多朋友都前来祝贺，其中有一个人叫孟冀，他跟马援是非常要好的朋友，言谈中不免有些溢美之词。谁知马援却说："男子汉就是应该在战场上逞雄，死于边野以马革裹尸还葬耳！何能醉卧床上，缠绵于儿女之情！"言辞之间表明了自己立志战死疆场的雄心壮志。孟冀敬佩地连连称道，说："将军真是壮烈之士，男子汉就应当如此！"

虽然马援在花甲之年请战出征，为国尽忠，最后病逝军中，但他的"马革裹尸"的精神却一直为人传颂，在历朝历代的将士中影响深远。

毛主席也曾在大悲大痛的时候，引用过这个典故。抗美援朝期间，毛主席的长子毛岸英在敌机的一次空袭中光荣牺牲，金日成希望能将毛岸英烈士的遗体安葬在朝鲜。毛岸英烈士的遗体是留在朝鲜还是运回国内，当时毛主席没有立即答复，等到第二天早上，秘书发现主

席的桌子上有两句诗，写的是：

> 青山处处埋忠骨，何须马革裹尸还。

主席的批示就在诗中。毛岸英烈士被安葬在了朝鲜的国土上。

二七、闻鸡起舞

"闻鸡起舞"最早的文字记载于《晋阳秋》。原文是这样的：

（祖）逖与司空刘琨俱以豪雄著名，年二十四与琨同辟司州主簿，情好绸缪，共被而寝，中夜闻鸡鸣俱起，曰："此非恶声也。"每语世事，则中宵起坐，相谓曰："若四海鼎沸，豪杰共起，吾与足下相避中原耳。"

这段古文的大意是：祖逖和刘琨少有壮怀，立志为国尽力，半夜听到鸡叫，便起身操练武艺。此典故比喻有志之士及时奋发。

祖逖是东晋南朝时期第一个举兵北伐，决意恢复中原的著名将领，曾为维护国家的统一安定作出过重要的贡献。

祖逖出生于公元265年，卒于321年，是今天的河

鬼谷子

北涞水人。24岁那年,他乔居阳平(今河北大名县东北),认识了一个叫刘琨的人,并一起被官府任命为司州主簿,就是掌管文书簿籍的小官。说到刘琨这个人呀,也非等闲之辈。我们今天常说的"枕戈待旦"一词,就出自刘琨之口。

祖逖和刘琨两人均胸怀壮志,意气相投。他们经常住在一起,作彻夜长谈,相互勉励。他们深知,要报效国家、建功立业,必须做到文武双全、才华超群。为了实现自己的抱负,祖逖在博览群书的同时,十分重视习武。

有一天深夜,祖逖在梦中突然被鸡叫声惊醒,他展望未来,浮想联翩,再也睡不着了。于是,他叫醒刘琨说:"此非恶声也。"意思就是说,鸡叫正是对我们的提醒,为报效国家,应勤学苦练武艺。于是他俩便披衣下床,仗剑相对而舞。这就是脍炙人口的"闻鸡起舞"典故的起源。

功夫不负有心人。年轻时的勤习苦练,终于使祖逖成为一名精通兵法、善用韬略的将才。后人常以"闻鸡起舞"以作自勉。如谭嗣同在《和仙槎除夕感怀》诗中写道:

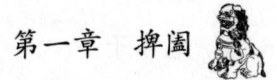

有约闻鸡同起舞,灯前转恨漏声迟。

又如辛弃疾在《贺新郎·同父见和再用韵答之》词中写道:

我最怜君中宵舞道男儿,到死心如铁。看试手,补天裂。

还有很多古今名人引用这个典故,在这里就不一一列举了。今天的军营中也流行着一句话:"当兵不习武,不算尽义务;武艺练不精,不算合格兵。"说的就是要爱军习武,立志报国,与闻鸡起舞有着异曲同工之妙。

二八、宋徽宗传位太子

宋徽宗宣和七年(公元1125年),李纲被提升为大常少卿。当时金人撕毁盟约,进攻宋朝,告急的书信不断传来,朝廷商议防御敌人的办法。皇帝诏令各地起军勤工,命太子为开封牧,让大臣们各抒己见,献计献策。李纲写了《御戎五策》,并对好朋友给事中吴敏说:"皇帝命太子为开封牧,难道不是想把留守京都的任务交给他吗?面对如此强大、猖獗的敌人,除非把皇位传给他,否则不足以招引天下豪杰。太子恭俭之德是天下

鬼谷子

闻名的,守卫宗社是能够胜任的。你的职务就向皇帝推荐好的建议,为何不劝皇帝这样做呢?"吴敏觉得有些为难,就问李纲说:"让太子监国可以吗?"李纲说:"当年唐肃宗在灵武树起平定'安史之乱'的大旗,不用皇帝的名号就不能恢复大唐天下,而传位的意见却不是唐明皇主动提出,后代人为明皇可惜。当今皇帝聪明仁恕,你的建议一旦被采纳,将会看到金人撤兵,宗社安宁,给天下百姓带来莫大的恩惠、"

第二天,吴敏请求发言,提出传位太子的建议,并说李纲的意见,与我是一致的。徽宗便下旨请李纲前来商议。李纲刺伤胳膊,蘸着写成血书,书中写道:"皇太子监理国事,这是常有的惯例,如今大敌进攻,已到了生死危亡的紧要关头,还能够再守着常礼,抱残守缺吗?名分不正,却委以大权,怎么能够号召天下,夺取可能得到的胜利呢?如果授予皇太子位号,让他为陛下守宗庙社稷,收揽将士们的报国之心,拼死杀敌,天下就可以保住了。"由于李纲的坚持,徽宗终于决定将皇位传给太子,于是,钦宗继位,徽宗为太上皇。

第二章 反 应

第二章

第二章 反应

反应第一

古之大化者①，乃与无形俱生。反以观往，覆以验来②；反以知古，复以知今；反以知彼，覆以知己。

动静虚实之理，不合来今，反古而求之③。事有反而得覆者，圣人之意也。不可不察。

人言者，动也；己默者，静也。因其言，听其辞。言有不合者，反而求之，其应必出④。

言有象，事有比⑤。其有象比，以观其次⑥。象者，象其事；比者，比其辞也⑦。以无形求有声⑧，其钓语⑨合事，得人实也。

若犹张置网⑩而取兽也，多张其会⑪而司之。道合其事⑫，彼自出之，此钓人之网也⑬。常持其网驱之⑭。其言无比，乃为之变⑮。以象动之，以报其心，见其情，随而牧之⑯。已反往，彼覆来，言有象比，因而定基⑰。

重之、袭之、反之、覆之，万事不失其辞，圣人所诱愚智事皆不疑⑱。古善反听者，乃变鬼神⑲以得其情。其变当也，而牧之审也⑳。牧之不审，得情不明；得情不明，定基不审㉑。

变象比，必有反辞，以还听之㉒。欲闻其声，反默；欲张反敛欲高反下，欲取反与㉓。欲开情者，象而比之，以牧其辞。同声相呼，实理同归。或因此，或因彼，或以事上，或以牧下㉔。

此听真伪、知同异，得其情诈㉕也。动作言默，与此出入㉖；喜怒由此，以见其式。

【注释】

①古之大化者：化是指教化，大化者指教化众人的圣人。

②反以观往，覆以验来：反，同返，返回，翻过来。覆，翻过去，反面。都是反复的意思，追溯过去的经验，进行研究以面对当前，认识未来。对事物应从正反两个方面反复思考。

③动静虚实之理，不合来今，反古而求之：动静虚实之理不合，来今反古而求之：动静，指言行；虚实，指思想。不合，即反常。全句意谓，言行思想不合情

理，出现反常，则可通过周围与以往的情况去推究；理不合，实相求。

④言有不合者，反而求之，其应必出：此句陶弘景注："谓言者或不合于理，未可即斥，但反而难之，使自求之，则契理之应，怡然而出。"

⑤言有象，事有比：象，类比；比，譬喻，陶弘景注："象谓法象，比谓比例。"

⑥其有象比，以观其次：意谓言谈时通过类比举一反三，由此及彼，达到知事明理的目的。

⑦象者，象其事；比者，比其辞也：前者指论证方法，后者指修辞技巧。

⑧以无形求有声：意谓由于借助逻辑方法和修辞技巧，所以能不言理而理自明。

⑨钓语：如钓鱼投饵一般，在交谈时给对方以诱饵，一便引出对方的话头。

⑩置网：捕兽的网。

⑪会：聚集的意思。

⑫道合其事：这里的"事"，与上文"钓语合事"的事，均指对方的心事。陶弘景注："道合其事，彼理自出。理既彰，圣贤斯辨，虽欲自隐，其道无由。"

鬼谷子

⑬此钓人之网也：象比方法是诱动人心的置网。

⑭常持其网驱之：经常把握象比的方法诱动对方。

⑮其言无比，乃为之变：言谈难作喻譬，就要变化。

⑯以象动之，以报其心，见其情，随而牧之：用类比法去触动对方，以合其心意，发现对方的情思所在，慢慢地就可以驾驭对方了。

⑰定基：把握基本观点。重之，袭之，反之，覆之：指反复推敲琢磨，语言不致失误。

⑱圣人所诱愚智，事皆不疑：圣人用象比的方法去诱动愚者或智者，事情都不会有疑误，陶弘景注："圣人诱愚则闭藏之，以知其诚；诱智则拨动之，以尽其情。咸得其实，故事皆不疑也。"

⑲变鬼神：如鬼神之灵活多变，善于调整自己。

⑳其变当也，而牧之审也：意谓恰当地调整自己，审慎地引导对方。变，策略调整。审，审慎。

㉑定基不审：确定自己的基本观点不周密。

㉒变象比，必有反辞，以还听之：此句陶弘景注为："谓言者于象比有变，必有反辞以难之，令其先说，我乃还静以听之。"

㉓欲闻其声…欲取反与：这是"反听"的具体办法，目的在于"得情"。睑，本作"敛"，通假。

㉔或因此，或因彼，或以事上，或以牧下：因此、因彼，是讲言谈起点相异；事上、牧下，是讲言谈对象不同。

㉕情诈：真情为伪诈。

㉖动作言默，与此出人：意谓或动或止，或言或默，都应以反听之道来调整。

【译文】

古代教化众生的圣人，是同无形无影的天地一起产生的。回首观看过去，返回来验证未来；返回去考察历史，返回来了解认识现在。回首了解知道对方，返回以后认识自己。

动静、虚实的道理，如果与现在的情形不符合，那么就要返回到古代的历史中去寻求答案。对事情的考察，要返回过去，再来验证现在。这是圣人的思考方法，对事物不可不详细审察。

别人的讲话为动，自己的沉默为静。因此根据对方的话探知他的主张、意图，假如发现他的言辞有不合理、前后矛盾的地方，马上反问他而探求其真意，对方

的反应必然出现。

言语有法相，事情有类比，既然有法相和类比，就可以从对方的谈话中了解法相和类比，然后才可以观察其它的东西。所谓象是指言谈中某类事物的象征。比是指比照言辞中的同类事物，是借助无形的道来求得有声的言论。引诱对方说话，把对方所说的话与做的事相对照，就能了解对方的真实情况。

这种情况就好像张网捕捉野兽一样，尤其要在野兽密集的地方多张网等候。一旦引导方法得当，对方必然会吐露真情，这种用语言诱导的方法也是一张"钓人之网"。

可以用这种钓人的网去引诱对方谈话。假如对方有所察觉而不再说真话，就要改变方法。做出某些表象而用语言去打动他，去迎合他的心意，从而了解他的真情，控制住他。自己又回去检查自己，对方一定会再来，所说的话有了法相和类比，因此就有了基础。

如此多次重复它、因袭它、反复验证它，再三审察不使谬妄存在，那么任何事物的真实情况都可以从对方言辞中察知。

圣人用不同的方法诱导愚者和智者，所得到的任何事情全是真实可靠的。善于从反面观察判断的人，能够

第二章 反应

通过运用变化来探得事物的真实面目。如果所运用的变通方法得当,那么就能掌握事物而加以审察。不能明察对方真情,得到的情形就不真实,就不能明了对方的真实意图,基础就不稳定。

因此,一定要用手法使对方言辞中的法象、比类信息改变,而后顺着他的变换言辞去反问他,让他回答,然后静默地看对方的反应并加以分析。在谈论中,要想听对方讲话,自己反倒要保持沉默;想要使对方张口讲,自己就要收敛闭口不语;想要升高,反而要先使自己低下;要想从对方那里得到好处,自己反而要先给予对方一些实惠;想要打开对方心扉,就要自己先设表象比对去引动对方,待他情志启动,想要发表意见时,便认真去体会对方的言辞。主张相同就会彼此呼应,道理真实就会彼此接受。谈话中,或者从这件事谈起,或者从那件事谈起;所谈之事可以是侍奉君主的事,也可以是教化百姓的事。

在这些谈论中,要辨别真伪,分析了解性质同异,分辨真情与欺诈。一个人的言谈举止,都流露出一定的感情,喜、怒、哀、乐也都以一定的形式显示出来。这一切都是考察他人的依据。

 鬼谷子

【感悟】

要想彻底了解一个人,就要从这个人的过去进行考察,进而探测他未来的发展倾向。其次,要从这个人的正反面去衡量。用言语和事物去刺激他,以探求他的反应和真实意图。

【故事】

一、力行改革的齐相

邹忌是战国时期齐国著名的政治家。齐威王时为相,封于下邳(今江苏邳县西南),号成侯。后又事宣王。邹忌辅佐齐威王,进行了一系列的社会改革,使齐国一跃成为战国七雄之一,他才智非凡,功勋卓著,为齐文化的繁荣和发展做出了积极的贡献。

公元前357年,齐威王田因齐即位。齐威王继位之初,不理朝政,沉湎酒色,把国政搞得一团糟,致使齐国国力十分衰弱。齐国屡遭三晋侵犯,甚至连弱小的鲁国和卫国也不把齐国放在眼里。邹忌看在眼里,急在心上,一直想找机会劝谏国君奋发有为,富国安民。他先是以精湛的琴艺受到了威王的赏识,作为乐师被留在宫

第二章 反应

中,然后以琴道作喻,成功地劝说威王痛改前非,努力振作起来。他认为,国君好比琴上的大弦,弹起来"浊以春温";国相好比琴上的小弦,弹起来"廉折以清";国家的政令好比弹琴的动作,"攫之深"而"释之舒"。大弦小弦五音协调有序,才能弹出悦耳的琴音;君臣分工明确,各司其职,左右配合,上下沟通,才能保证国家政令的畅通。威王对邹忌的一番论述十分赞赏,三个月就破格提拔他做了国相。

邹忌由乐师一下子升任了国相,在齐国引起了不小的轰动。曾经用隐语劝说过威王一鸣惊人的稷下先生淳于髡,听到这个消息坐不住了,他出于对齐国利益的关心,便急急忙忙跑去见邹忌这位新上任的国相。淳于髡见到邹忌后,并没有直截了当的切入话题,而是用五个隐语对邹忌进行了试探。淳于髡说:"侍奉国君能周到无误,你的身名就都能兴盛;如果稍有不周或失误,身名都要毁灭。"邹忌说:"谨接指教,我要把您的话谨记在心。"淳于髡说:"用猪油涂抹棘木车轴,是为了使它润滑,然而,如果轴孔是方形的就无法转动。"邹忌说:"谨受指教,我要小心地在国君左右侍奉。"淳于髡说:"拿胶粘用久了的弓干,是为了粘合在一起,然而胶不

可能把缝隙完全合起来。"邹忌说:"谨受指教,我要使自己依附于万民。"淳于髡说:"狐皮袄即使破了,也不能用黄狗皮去补。"邹忌说:"谨受指教,我要小心地挑选君子,不让小人混杂在其中。"淳于髡说:"大车如果不校正,就不能正常载重;琴瑟不把弦调好,就不能使五音和谐。"邹忌说:"谨受指教,我要认真制订法律并监督奸猾的官吏。"淳于髡对邹忌的回答十分满意,认为邹忌完全可以胜任相国的职务。邹忌在答话中提纲挈领的阐述了自己的施政纲领,如维护和加强国君的权威,实行中央集权,弥合君民之间的矛盾,重用人才,严格执法,整顿吏治等,从中我们可以看出邹忌依法治国的主张。

邹忌升任齐国国相后,进行了一系列社会经济改革,在很短的时间内实现了富民强国的目标,使齐国最强于诸侯。齐威王对邹忌十分信任和赏识,一年之后就把邹忌封于下耶,号为成侯。

在整顿吏治方面,邹忌协助齐威王做了大计工作。他赏罚严明,注重调查,很快使齐国的吏治出现了新的气象。其中最典型的事例当属齐威王赏即墨大夫、烹阿大夫的故事。即墨大夫治理即墨,由于工作勤勉,不喜

第二章　反应

欢阿谀奉承，所以一些人天天在齐威王面前说他的坏话。久而久之，威王对即墨大夫印象很差。在邹忌的劝说下，威王没有听信一面之词，而是暗中派人到即墨进行了周密的调查。通过调查，得知那里田野得到开发，百姓生活富足，官府里没有积压的公事，齐国的东方因而得到安宁，从而证实了即墨大夫是个政绩卓著的清官。于是，威王封给他一万户食邑。而阿城大夫治理阿城，虽然朝廷里赞扬他的话每天都能听到，可是威王派人到阿城视察，却发现那里田野荒芜，百姓贫苦。原来是阿城大夫用财物贿赂了威王的左右，来求得赞扬。于是威王当天就烹杀了阿城大夫，并把左右曾经吹捧过他的人也都一起烹杀了。齐国全国震惊，官吏们人人都不敢文过饰非，努力表现出他们的忠诚，从而使齐国得到了很好的治理。诸侯听到这个故事以后，不敢对齐国用兵有二十多年。

在举荐人才方面，邹忌唯才是举，大量提拔选用有才干的人出来为国家效力。他推荐田居子去守西河，结果使秦国、魏国不敢东进；他推荐田解子守南城，楚国人就吓得赶紧来齐国朝贡；他推荐黔涿子去守具州，燕国人、赵国人就不敢轻举妄动；他派田种首子去治理即

鬼谷子

墨,结果政治清明,人民安定;他让北郭刁勃子担任大士的官职,齐国就出现了团结和谐、繁荣稳定的社会局面。由于邹忌知人善任,能使人才充分发挥自己的才能,再加上齐威王一向以人才为宝,所以齐国的国力日盛。

在广开言路方面,邹忌积极利用各种方式劝谏威王,兼听则明,偏听则暗,海纳百川,虚怀若谷,广泛听取臣下和普通百姓的意见和建议。在《战国策》里,记载着一则邹忌讽齐王纳谏的故事,脍炙人口,传为千古美谈。故事里面说邹忌身高八尺以上,体形容貌俊美。有一天早上,他穿着礼服戴上帽子对着镜子细看,问他的妻子说:"我跟城北徐公谁美?"他妻子说:"您美极了,徐公怎么能比得上您呀!"城北徐公,是齐国的美男子。邹忌不太自信,就再问他的侍妾:"我跟徐公哪个美?"侍妾说:"徐公哪能及得上您啊!"第二天,客人从外边来,一块儿坐着说话,又问客人说:"我跟徐公谁美?"客人说:"徐公不如您美。"明明自己不如徐公美,可周围的人却都说自己比徐公美,邹忌从这件事上悟出了治国的道理,那就是如果一个君主只是听左右的进言而不广开言路,广采博收,往往就会得

第二章 反应

不到事实的真相。于是他进朝廷见了威王说:"臣子确实不如徐公美,臣子的妻偏爱臣子,臣子的妾怕臣子,臣子的客人想对臣子有所求,都说我比徐公美。现在齐国土地方圆千里,有一百二十座城邑,国王的后宫嫔妃左右亲信,没一个不偏爱王;满朝大臣,没一个不怕王;一国之内,没一个不有求于王。从这点看来,国王看清真相就很严重了!"威王说:"说得好。"就发布命令:"当官的、当差的、当老百姓的,能当面指责我国王过错的,得上等奖;呈上书信劝谏我国王的,得中等奖;能在公共场所指时我国王过错并传到我国王耳中的,得下等奖。"命令刚发下时,臣子和百姓们争先恐后的上朝进谏,从宫门到殿堂好像集市一样。几个月以后,还经常有人断断续续来进谏。一年以后,大家即使想说,也没什么可以向威王提的了。燕国、赵国、韩国、魏国听到这件事,都来朝拜威王。这就是所谓"战胜敌国于朝廷之内"。正是因为齐威王在邹忌的劝说下,能胸怀宽广,兼容并蓄,齐国才令顺民心,国力大增,一举成为战国初期最强盛的国家。

一分为二的说,邹忌这个人在政治上确实很有才干,但在人格上却有些致命的缺陷,相比起齐国先贤管仲和晏婴来说，他显得嫉妒成性，心胸狭窄，缺乏容人的度量。邹忌与大将田忌关系不好，按理说应该在国家利益至上的原则下，通过正常渠道解决两个人的矛盾，甚至应该互相包容，彼此理解。可邹忌没有这样做，而是利用种种不光彩的手段，欲置田忌于死地而后快。他采用了小人公孙阅的计策，阴谋除掉田忌。先是怂恿齐威王让田忌领兵去攻打当时的强国魏国，如果战胜有功，就去抢功，说自己的计谋正确；如果打不胜，就让田忌去白白送死或者回来治他的罪。可这条计策没有成功，大将田忌在著名军事家孙膑的帮助下南攻襄陵，攻克邯郸，并取得了桂陵之战的胜利。不但没有被治罪，反而因功获得了威王的更大信任。一计不成，公孙阅和邹忌又生一计。他们让人假扮田忌的仆从，拿着十斤黄金到街上去找人占卜，到处宣扬占卜的目的是"田忌想要做国君，想找人算算，是吉利还是不吉利？"当问卜的人一走，就派人逮捕为他占卜的先生，押着他到威王那里讲明情况。威王信以为真对田忌产生了怀疑。田忌听说这件事之后，非常气愤，就率领他的部下袭击临淄，捕捉邹忌，但没有取胜就逃跑了。后来，田忌被迫逃到了楚国。邹忌还不甘心，又使出阴谋诡计，让楚王扣田忌封到了遥远的江南。邹忌因私废公，制造莫须有的冤案来诬陷、迫害田忌，直至用阴诛诡计逼走了田忌，可谓是邹忌人生中的一大污点，也使齐国的人才外流，使齐国的利益遭受了损失。

害人者没有好下场，阴谋家不可能永远猖狂。公元前319年，齐宣王即位。他对邹忌排除异己、专横跋扈的做法非常不满，继位次年就把田忌从国外召回，重新委以重任。此后不久，邹忌这个在齐国政治舞台上风光了很长时间的人物就郁郁而终了。

二、齐国田叔的计谋

齐国人田氏的后裔田叔，被人保举做了赵国国相征辟的官员，被任命为郎中。赵王觉得这个人很贤惠。

这个赵王就是汉楚相争时候的张敖。这一年，汉高祖刘邦平定了陈曦的叛乱，路过赵国。

天子驾幸，这对于一个番邦来说是一件很大的事情。赵王对于刘邦来说，不仅仅是臣子，还是受过刘邦救命之恩的人。而刘邦这个人向来是不讲究礼仪的。因此，在面对已经是王侯的张敖亲自递送食物，将自己降级成佣仆的情形下，刘邦对这个赵王还是没有一丝一毫的尊重的。他任意地呼叫这个赵王的小名，把他当孩童一样唤来唤去。张敖本人到无所谓，但是张敖的国相可恼了。

"他对田叔说，我们赵王虽然是你的臣子，但是他也是我们赵国的国王啊，你这样把我们的国王都当成奴仆，那我们这些臣子的臣子在你眼睛里还是什么啊？我们干脆反了吧，乘这个刘三还在我们的一亩三分地里，我们就给他来一个一刀两断。然后，提兵进长安，我们也来一个称帝天下。"

"我只忠诚我的主上。"田叔简单地回答。

"那我就去给赵王说，今儿晚上就动手，怎么样啊？"

"哦，我不能决断，全凭相国。"田叔一幅不谋其政的架势。

在晚上，赵王张敖服侍刘邦睡下了，这才回到自己的王宫。而国相赵午已经等候在那里了。赵午一脸凶相，他已经准备好敢死队，要随时动手擒获只带了三十个亲兵来的刘邦。

"大王，我们不能忍受那个小小亭长的无礼。他这

第二章 反应

样侮辱大王就是侮辱我们这些弟兄。我们今天要为大王报仇，杀掉这个笑笑亭长，请大王去当天下的共主。"

"混蛋，你们！"赵王愤怒了，他怒吼道："你们简直没有人性，我们赵国被秦国灭绝，要是没有当今天子，我们连当人的机会都没有，更别说是做王爷了。你们只能当虫子，皇上是这样的一个人，他喜欢你才会这样不拘小节，他要是对你客客气气，就表明他疏远你，甚至可能杀掉你。你们糊涂啊、糊涂！"

"嘿嘿，大王，现在已经是箭在弦上，不得不发了。我们的五千勇士已经集合，就等微臣的一个信号，他们就可以把刘三撕成碎片。大王，只好委屈你了，来人，请大王进后宫休息。"

几个武士，那只是是赵午的心腹，他们只听从赵午的话，二话不说，把正在挣扎的张敖强行绑架进入了后宫，交给赵午早就找好的几个强健的仆妇看管了起来。张敖眼睁睁地看着自己的国相要造反，他已经无力扭转了。

而这个时候，田叔悄悄地进入到张敖的后宫，他说：

鬼谷子

"非常时期,臣不能顾礼仪了,臣将与大王共生死。"田叔拽出一口剑来,护在张敖的身边,而那几个健壮的仆妇还想过来继续控制张敖,履行赵午给她们的任务,可是田叔的宝剑已经出鞘,连续三下,三具尸体就横在后宫。赵王也吓得不轻。

"主公休怕,微臣在此护驾。"田叔须发俱张。

再说刘邦,他早就看见尽管赵王张敖对他是俯首帖耳,但是一旁的赵国的国相赵午却在暗自咬牙切齿。于是,他更加变本加厉地折腾赵王。他知道,这个赵午和汉朝不是一条心,他要努力使得这个可能的隐患暴露出来,他就只能委屈这个赵王了。

在假意喝醉后,在看赵王离开后,这个刘邦是一声不响地从后门带上他的三十来个亲兵,悄悄地溜之乎也。而刘邦行宫的人是一个也不知道他们的皇帝已经不在行宫里了。自然,诺大的行宫人员很多,分散走掉三十来人,是谁也不知道的。

赵午的五千人马在刘邦走了半个时辰后包围了行宫。而他们强行冲进去后发现,里面居然没有一个来自长安的人。更别说刘邦了。

赵午知道,汉皇回到长安后自己的下场,他当时

第二章 反应

就抹脖子自杀了。而张敖,在脱险后,在汉兵还没有进入赵国前就自我绑缚上,来到长安请罪。而刘邦把这个赵王麻肩头拢二臂,给五花大绑起来,同时还放出话来:

"哪个敢于说自己是赵王臣僚的人立即夷灭三族!"

圣旨传到了赵国,田叔和一干群臣都知道了。赵王的臣僚顿时作鸟兽散。而还是有田叔等十多人,把自己的胡须给刮掉,自称自己是赵王的家奴,要求见赵王。

这一下,长安的狱卒自然报告给了天子刘邦,而刘邦就亲自把这十多个人带到了未央宫。他要问这些人不怕死吗。

"回禀陛下,我们赵王对陛下忠心耿耿,要做乱谋反只是相国赵午,要说罪过,赵王是有失察之罪,不至于被杀。要说我们认了是赵王的臣僚就要诛灭三族,我们是赵王的臣僚,也是大汉的臣僚,难道陛下要把大汉的臣僚都给诛杀了不成。"田叔在未央宫振振有词。

"霍,你,哈哈,哈哈哈!来人,放了张敖,废掉他的赵王的王位,封为宣平侯,留在长安不归。"刘邦大声说,他接着又是一阵儿大笑:

 鬼谷子

"我们大汉不乏耿介之士啊。田叔，我知道你是齐国宗室后裔，也算是贵胄之后，现在居然可以充作家奴来保全不的主子，我很欣赏你，你去齐国给我刘肥做相国，不委屈你吧？"

"臣只忠于我的主子，我的主子最高就是您陛下。微臣自然愿意。"

田叔就这样做了齐国的国相。而刘邦也活到他生命的尽头了。

三、近悦远来

人们用"近悦远来"形容附近的人得到恩泽而感到高兴，远方的人也闻风前来归附。

此典出自《论语·子路》："叶公问政。子曰：'近者悦，远者来。'"

春秋时期，孔子周游诸国，宣扬其政治主张，希望各诸侯国的君主能够采纳和运用他的主张。一次，孔子来到楚国，叶公向他请教如何管理政事。孔子回答说："要使那些在你统治下的老百姓感到高兴，使那些不在你统治下的老百姓前来投靠你。"

四、鲍鱼之肆

"鲍鱼之肆"是指小人集聚的地方。

此典出自《说苑·杂言》:"与善人居,如入兰芷之室,久而不闻其香,则与之化。与恶人居,如入鲍鱼之肆,久而不闻其臭,亦与之化矣。"

春秋时,孔子说:"不了解某人,就看他结交的朋友;不了解某个君主,就看他作用的臣子。"孔子又说:"与好人相处,如同进入有兰草白芷的房间,时间长了闻不到它的香气,与它同化了。与坏人相处,如同进入卖鲍鱼的店铺,时间长了闻不到它的臭味,也与它同化了。所以说,朱砂埋藏的地方是红的,煤炭埋藏的地方是黑的。君子应该慎重对待自己所处的环境。"

五、变易是非

"变易是非"这则寓言讽喻了封建权贵的炙手可热,以及趋炎附势者的卑鄙可憎。

此典出自《龙门子凝道记》:"吾今然后知势之足

鬼谷子

以变易是非也！"

　　洛阳的平民申屠敦，从长安的深河底下得到一尊汉代鼎器，鼎上雕刻着一条腾跃在云空里的黄龙，倾斜的身躯涂着金饰，花纹光彩夺目。西边的邻居鲁生看见了非常喜爱，就让铜匠按照那条黄龙的样子也铸造了一个，用特殊的药品淬它，在地下挖坑里藏了三年，土和药物交互侵蚀，铜质已经锈化，便和申屠敦那尊鼎的模样基本上一样了。一天，鲁生把他的鼎献给一位有权势的贵族，贵族非常珍惜它，摆设宴席招待宾客共同玩赏。这时候，申屠敦也正好地场，他心里清楚这是鲁生家的那个假鼎，便说："我也有一尊鼎，它的形状与这一尊鼎极其想像，但不知谁的是真货罢了！"那个贵族请求拿来观看，端详了好久说："这不是真的！"宾客们也纷纷说："这尊鼎确不是真的呀！"

　　申屠敦心中不平，据理争辩不止。众宾客都一起反对他，共同羞辱他。申屠敦不敢再作声，回到家里叹息着说："我从今天起才知道，权势的威严是足以改变事物的是非曲直呀！"

　　龙门子听说这件事笑了笑说："申屠敦怎么觉察得

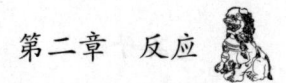

这么晚呢！读书人对于文章的评论，也同样是这个样子呀！"

六、藏垢纳污

"藏垢纳污"比喻包藏容纳种种坏人坏事。

此典出自《左传·宣公十五年》："川泽纳污，山薮藏疾，瑾瑜匿瑕，国君含垢，天之道也。"

公元前594年，楚庄王带兵攻打宋国，宋国非常害怕，就派出一个有影响的人——宋戴公的五世孙乐婴齐，到晋国去求救。晋国该不该去救宋国呢？战前，楚国曾派使臣路经宋国到齐国去，按当时的外交礼节，应公开向宋国要求借路而行。但楚国自恃强大，根本不把宋国放在眼里，根本就没提借路的事，而是派使者大摇大摆地路过宋国，连个招呼也不打。宋国一怒之下，抓获楚国的使者，并把他杀了。当时宋国与晋国相好，楚国藐视宋国，就想欺负宋国，也有向晋国挑衅之意。正是由于这些原因，晋景公准备援救宋国。但是，晋国大夫伯宗却持反对意见，他连忙劝阻说："不可去救！古人曾经说过：'马鞭再长，也不能打到马肚子上。'现在

正是老天爷让楚国强盛的时候,不能与它相抗争。虽然晋国也很强大,但是怎么能够违背天的意志呢?正像俗话所说的:'能屈能伸,心中有数,相机而行。'江河湖泊能够容纳污泥浊水,山林草莽可以隐藏毒蛇猛兽,华美的玉石也会有瑕疵斑点。当国君的也应该忍受一时的耻辱,这是自然的道理。你还是忍耐一下吧!"晋景公觉得伯宗说的很有道理,就打消了援救宋国的念头。

七、七步诗

煮豆燃豆萁,

豆在釜中泣!

本是同根生,

相煎何太急!

这是一首燃情千古的悲情之作。因为它是在七步之内作成的,所以叫《七步诗》。这首诗的文字记载,最早见于南宋大文豪刘义庆所著的《世说新语》。不过,这首诗原是这样的:

煮豆持作羹,漉菽以为汁。萁在釜下燃,豆在釜中泣。本自同根生,相煎何太急!

第二章 反应

据宋朝的《漫叟诗话》记载，今天我们见到的《七步诗》，是经后人修改过的。到底是谁修改的，已无从考证。当然，修改后的《七步诗》更凝练、简洁、集中。

这首诗从表面看，说的是豆子和豆萁相燃相煎，隐喻的却是兄弟手足相残。说起这首诗呀，还有一段故事呢！

这首诗的故事出自于三国时期。建安二十五年，也就是公元220年的正月 曹操病死洛阳后，他的儿子们便开始争夺王位。

曹操一共有25个儿子，王后卞夫人亲生的有四个：他们是老大曹丕、老二曹彰、老三曹植、老四曹熊。由于曹熊早早就死了，因此，王位争夺基本上是在曹丕、曹彰、曹植三兄弟之间展开。而三兄弟中，最有心计和手腕的是曹丕。

曹丕虽然文才、本领都不如三弟曹植，但他贿赂了一大批重臣，曹操一死，曹丕赶紧把先王的灵柩运到自己坐镇的邺城，急着以卞王后的名义，立自己为魏王。等曹彰带着兵马从长安赶到后，为时已晚。

曹丕掌权后，最惧怕的人就是三弟曹植，因为曹

 鬼谷子

植文韬武略都在自己之上,老二曹彰只不过是一介武夫。当时,前往邺城奔丧的兄弟都到了,惟独曹植没去。曹丕终于找到了杀人的借口,他立即下令猛将许褚带兵到临淄,将曹植捉到邺城,质问曹植为何不来奔丧。

曹植暗想:"你早有杀我之心,来是死,不来也是死,我又何必送上门来?"不过,他嘴里还是说:"臣罪该万死!"

卞夫人在一旁直落泪,她一向疼爱曹植,就求曹丕念在兄弟情分上,饶他一命。曹丕见母亲反对,也不敢硬来,就心生一计说:"先王在世时,你不是常炫耀自己的才华吗?限你在七步之内,吟诵一首诗出来。我和你是兄弟,就以我们兄弟为题赋诗,但诗中不准出现兄弟的字样。"

曹植战战兢兢地从地上爬起来,未到七步,诗已作成。曹丕一听,泪水夺眶而出。曹植明明是把哥哥比做豆萁,把自己比做豆子,燃萁煮豆,这不正说明哥哥要杀弟弟吗?曹丕幡然省悟:我能容得天下,如何容不下一个亲弟弟呢!当场赦免了曹植。虽然对曹植的封地进行了削减,但仍然将曹植封了个安乡侯。

《七步诗》对后人的影响是巨大的,"皖南事变"时,周恩来总理面对蒋介石的背信弃义,愤然作下了《为江南死国难者志哀》一诗:

千古奇冤,江南一叶。

同室操戈,相煎何急?!

这首诗被登在当时的《新华日报》上,举国震惊,由此掀起了反对蒋介石破坏国共合作的高潮。

八、言过其实

此典出自《三国志·蜀书·马良传》:"先主临薨,谓亮曰:'马谡言过其实,不可大用,君其察之。'"

上面这段文字的大意是,刘备临死前对诸葛亮说:"马谡说话夸张失实,不可相信,不可委以重任,一定要慎重。"这就是"言过其实"典故的由来。

马谡是三国时襄阳宜城人,与他的哥哥马良同在蜀中做官。马良被刘备任为侍中,马谡由于喜欢谈论军事,很受丞相诸葛亮的看重。但刘备对他并无好感。

公元222年,刘备为报孙权袭取荆州、杀死关羽的大仇,不顾诸葛亮等人的劝阻,亲率大军伐吴。吴将陆

鬼谷子

逊用计火烧连营，大破刘备，马良也死在乱军之中。刘备遭此失败，忧郁成疾，临终前召诸葛亮嘱咐后事。当时，马谡经诸葛亮推荐，做了成都令，得知刘备病危，也赶到白帝城。

马谡在场，刘备没说什么。等到只剩诸葛亮一人时，刘备说："马谡言过其实，不可重用。丞相您要留意呀！"诸葛亮虽然当面点头称是，可心里有不同的看法。

刘备死后，诸葛亮于公元227年出师伐魏。他屯兵汉中，西出祁山，第二年接连攻下天水、南安、安定三郡。魏明帝曹睿发兵五万，派右将军张郃西御蜀军，并调司马懿从东路会师，共同对付诸葛亮。

诸葛亮料定张郃必定争夺汉中要地街亭（今甘肃清水东北）。当时，不少人建议让魏延、吴壹两位名将作先锋，诸葛亮却看中了马谡。他交给马谡两万人马，去守街亭。诸葛亮再三叮嘱马谡要在山下设营寨，多架栅栏，加强壁垒，还另派行事谨慎的王平为偏将军做马谡的助手；派魏延驻阳平关，遥应马谡。

马谡到街亭后，决定在山上扎营。王平劝阻不过，请马谡让他带一部分人马在山下另立营寨，与大军互

第二章　反应

为犄角,以便彼此接应。马谡只拨给王平一千人马。

王平在离山十里的地方扎下营寨,当即画了地图,连夜派人送到大营,交诸葛亮验看。

诸葛亮接到布阵图后,大惊失色,正要设法补救,街亭失守的消息随之传来。

原来,就在当天晚上,张郃、司马懿两军会合后,立即把马谡所驻扎的山头团团围住,切断水源,导致蜀军不战自乱。由于王平只有一千人马,被张郃挡住,只能死守营寨,却无法前来救援。无奈,马谡只好孤军突围,两万人马突围后已所剩无几。幸亏王平沉着撤退,魏延及时接应,才杀退追兵,救下马谡。

街亭失守,全军退到阳平关。诸葛亮按军法挥泪将马谡治罪。马谡留给诸葛亮一封绝命书后就自杀了,死时39岁。诸葛亮也请求后主刘禅免去其丞相职务,降级三等,后主准奏。诸葛亮流着泪说:"孙武所以战无不胜,在于纪律严明。如今四海分裂,北伐才开始,要是废了纪律,如何治军?先帝临终时曾叮嘱我说:'马谡言过其实,不可重用'。在用人方面,我确实不如先帝英明啊!"看来,智者千虑,总有一失,在识人、用人方面,古人给我们留下了很好的典例。

 鬼谷子

九、饮醇自醉

此典出自裴松之注引《三国志》:"与周公瑾交,若饮醇醪,不觉自醉。"

《三国志》裴松之注中引的这段话,原意是指喝着醇厚的美酒,自己不知不觉醉了。比喻同淳朴忠厚的朋友相交,会使自己的品德受到良好的影响和熏陶。这就是"饮醇自醉"这个成语的由来。表面看来这个成语跟军事没有多大的联系,其实不仅有联系,说的还是历史上的一位重要的将领,这个人就是一代名将周瑜。

周瑜生于公元175年,死于公元210年。他仪表不凡,才华出众,24岁时就辅佐孙策东征西讨,对于孙氏政权在江东的建立和巩固,起到非常重要的作用。

孙策对周瑜非常依赖和器重,任命周瑜为建威中郎将。安徽潜山名士乔公有两个聪明美丽的女儿大乔和小乔,孙策自己娶了大乔,让周瑜娶了小乔,由此可见孙策对周瑜的宠信。

公元200年,孙策中箭身亡,周瑜尽心竭力地辅佐孙策的弟弟孙权,巩固东吴政权,在朝臣中获得了很高

第二章 反应

的声望。

除了军事和政治上的才能以外,周瑜还有一个突出的优点,就是胸襟开阔,气量很大,无论谁冒犯了他,他从不计较。这种宽厚谦和的品德,使他深得人心。演义和野史中,传说周瑜气量小,并不是史实。

当时,周瑜在东吴威望极高,只有老将程普对他不满。程普是当时东吴的一位功勋卓著的勇将,在朝臣中年纪最大,资历最深,同僚们都尊称他为程公。程普看到周瑜年轻得势,地位在自己之上,心里很不服气,想找个机会煞煞周瑜的威风,以提高自己的身价。这很有点像战国时期的廉颇老将军。

周瑜看在眼里,便处处注意谦让程普,避免将帅失和。有一次,周瑜乘车外出,迎面碰上程普的车子,周瑜忙让车夫把车闪到一边,让程普的车子过去,程普很是得意。

赤壁之战中,周瑜和程普分别担任左右都督,但东吴对敌斗争的策略主要是周瑜制订的。战后,程普经常夸耀自己,贬低周瑜。周瑜知道后,不但不生气,反而说:"我那时还年轻,没有程公的帮助,是打不了胜仗的。"

周瑜谦逊忍让的态度,传到程普耳中,对程普有所触动。为消除隔阂,周瑜又多次到程普府上探望老将军,程普深受感动。他终于抛开积怨,和周瑜结成了至交。后来,程普逢人便深有感触地说:"与周公瑾相交,真是如饮醇醪,不觉自醉。""饮醇自醉"这个典故,就是由此而来的。

这里还要提到一个周总理与许世友将军喝酒的故事。许世友将军平时好喝点酒,偶尔难免误事。许多老战友劝他,但他却不以为然。一次,周总理特意邀许世友将军喝酒,一人一瓶。结果,许世友将军喝醉了,周总理仍十分清醒。至此,许世友将军才知道,周总理的酒量也很大,但平时又很难见到周总理喝酒,他明白了周总理的用意,并为周总理的人格所深深折服。

一〇、静待其变

此典出自《晋书·晋宣帝纪》:"时朝廷以亮侨军远寇,利在急战,每令帝持重,以候其变。亮数挑战,帝不出,因遗帝巾帼妇人之饰。帝怒,表请决战……后亮复来挑战,帝将出兵以迎之,毗节立军门,帝乃止。"

第二章 反应

"以静制动,以稳待变",是军事谋略中的一个重要思想,我们可以把它概括为"静待其变",或者是"静观其变"。它的典源,即出之上面这段文字记载。

这里的亮是指诸葛亮,帝指的是司马懿。司马懿字仲达,河内温县,也就是今天的河南温县人,曾任过曹操的主簿,魏明帝时任大将军。他的孙子司马炎称帝后,追尊他为宣帝。

公元234年,诸葛亮率军十余万出斜谷,准备与魏国的军队在渭水一带决战。当时魏国认为,诸葛亮远道而来,长途行军,急于速战速决。所以,朝廷命令魏军统帅司马懿坚守不出,不急于与蜀军决战,静观形势的变化。诸葛亮多次挑战,司马懿按兵不动。诸葛亮便派人给司马懿送去女人用的东西,羞辱讥讽司马懿胆小怯懦,以激怒司马懿。司马懿果然大怒,上表请求决战。朝廷不同意,并派遣一个名叫辛毗的钦差大臣,带着象征着王命的符节充当军师,以监督司马懿。后来诸葛亮又来挑战,司马懿忍无可忍,要出兵应战,辛毗带着符节站立在军帐外,司马懿无法出兵。

其实,司马懿在这里用了一个计谋。他原本就不打算与蜀军决战,所以佯装大怒上表请战,实际是做给别

 鬼谷子

人看的。将在外，君命有所不受，他若真想打，何必不远千里向天子请战呢？这样一来，既保全了不甘受污辱的面子，又达到了"以静制动"、"以稳待变"的军事目的。毛泽东后来读史，曾说司马懿的这一手确实高明。

结果，蜀、魏两军对峙了一百多天，诸葛亮病死在五丈原，蜀军不战自退。司马懿静待其变，还有一个重要的原因，那就是对情况的准确分析和判断。在此之前，诸葛亮的使者来到司马懿军营，司马懿看似不经意地问道："诸葛亮先生身体可好？每天能吃多少饭？"使者答："每天能吃三四升米。"又问处理政事情况，回答说："二十杖以上的罪犯都归他亲自处理。"司马懿事后对人说："进食已是如此，每件事无论大小事必躬亲，诸葛亮活不了多久了。"结果，真被他说中了。所以"静观其变"也是有一定条件的，能否实现，取决于将帅不仅要有良好的修养，而且要具有丰富的智慧。

正所谓"山外有山，天外有天"。司马懿虽然算准了诸葛亮不久于人世，但当诸葛亮真的病重逝世后，蜀军秘不发丧，烧掉营盘退走。司马懿率军追赶，蜀军按

第二章 反应

诸葛亮临终部署,突然掉头列阵,鼓钟齐鸣,好像要回兵相拒,这倒把司马懿吓了一跳,赶紧收兵停止追赶。直到两天后,搞清诸葛亮真的不在人世了,才再派兵追赶,可已经是为时晚矣,蜀军早已撤走。这就是"死诸葛走生仲达"的典故,意思是死去的诸葛亮吓跑了活着的司马懿。尽管如此,司马懿仍然不愧为一代帅才。

一一、两人一心

越国的甲父石与公石师交往很深。甲父石善于出谋划策,但不善于决断;公石师遇事善于决断却不太善于谋略。他们两人把各自的长处结合在一起,办起事来,无往而不胜。他们人虽然是两个,而心却是一条。

但经历了一段时间之后,由于一点分歧,彼此言语顶撞起来,导致两人分道扬镳,结果国家政事就一天坏似一天。

密须奋流着眼泪劝谏他们两人说:"你们没听说过大海里的水母吗?水母没有眼睛,要靠着虾行走,而虾也要靠着水母觅食,两者谁也不能离开谁。"

两人听了,低头不语,密须奋又说:"你们没有听说过琐吗？琐的肚子里藏着寄生蟹，当它饿的时候，寄生蟹就出来寻找食物，寄生蟹回来后琐才能吃饱，否则，就会饿死，而琐一死，寄生蟹也就失去了栖身之处，这两者也就彼此谁也不能离开谁。"

甲父石与公石师听到此，相互看了一眼。密须奋继续说："你们没有听说过夏屋的蟨鼠吗？蟨鼠与邓邓蚷虚一起谋生，为邓邓蚷虚咬取甘草，一旦有了危险，邛邛蚷虚背起蟨鼠就跑，它们两个也是彼此谁也不能离开谁。"密须奋说到此，发现他俩已面露一丝后悔神情，又接着说："你们没听说过西域有一种共命鸟吗？共命鸟一个身子两个头，生性又好嫉妒。饿的时候两个头互相争啄，抢夺食物。等到一个头睡着了，另一个头就衔来毒草毒害它，等到毒草咽进喉咙，两个头都死了。这两个头也是一个不能离开另一个。'"甲父石、公石师此时有些如坐针毡了。密须奋又讲起来；"以上说的都是山兽海虫之辈，它们出现这种情况还不足为怪。然而人也有这类问题。？北方有一个连体人，他们轮流吃饭，轮流张望，失去任何一方，另一方都会马上死去，这也是两者谁也不能离开谁呀。现在你们两人的事情和我所说的这些情况非常相似。所不同的，就是它们在身体上彼此分不开，而你们是在处理事情上彼此离不开，为什么你们一定要分开呢？"

甲父石与公石师再也无法沉默。面带愧色地说："假如没有密须奋的这一番话，我们的事情将会越办越坏。"

从此，二人和好如初，合作得更加愉快了！

一二、上行下效

春秋时期，齐国的国君认为女子穿男子的服饰好看，就让内宫中的妇女都象男子一样穿戴。于是，全国女子跟着学，都穿走男服来。

久而久之，灵公觉得全国都如此，宫中的女子就没有特色了，他又让官吏禁止女扮男装，下令说："凡是看到女扮男装的人，一律撕破她的衣服，扯断所系的带子。"然而，尽管人们看到裂衣断带的惩罚，女扮男装之风仍然煞不住。

齐灵公很为此事忧心忡忡。恰巧一天，齐国宰相晏子来见国君。齐灵公问他说："我下令禁止女扮男装，还用撕破衣裳，扯断衣带来惩罚那些违令的人，人们都

亲眼见到了这么严重的惩罚。可是女扮男装之风,却依然禁止不了,这究竟是为什么呢?"

晏子回答说:"您允许宫廷内女扮男装,却在外面禁止,这就如同在肉店门口高悬牛头,而里面却卖的是马肉。人们当然会怀疑不是真的。如果您是真心地要禁止国人去掉女扮男装的风气,就应该首先命令您的宫女们把男装改换成女装,那样的话,外面的人就不敢犯禁令了。"齐灵公听了,说:"你说得对。"

于是,齐灵公下令宫中禁止女扮男装。不到一个月,果然全国便没人再敢女扮男装了。

一三、优孟哭马

楚庄王十分爱马,特别是他最心爱的那几匹马,过着你想像不到的优裕生活。那几匹马住在豪华的厅堂里,身上披着美丽的锦缎,晚上睡在非常考究的床上,它们吃的是富有营养的枣肉,伺候那些马的人数竟是马的3倍。由于这些马养尊处优,又不出去运动,因此其中有一匹马因为长得太肥而死去了。这一下可真让庄王伤心极了。他要为这匹马举行隆重的葬礼。一是命令全

第二章 反应

体大臣向死马致哀,二是用高级的棺椁以安葬大夫的标准来葬马。大臣们实在难以接受楚庄王这些过分的决定,他们纷纷劝阻庄王不要这么做。可是楚庄王完全听不进去,还生气地传下命令说:"谁要是再敢来劝阻我葬马,一律斩首不饶。"

优孟是个很有智慧的人,听说这件事后,他径直闯进宫去,见到楚庄王便大哭起来。楚庄王吃惊地问他说:"你为什么哭得这么伤心呀?"

优孟回答说:"大王心爱的马死了,实在让人伤心,要知道那可是大王所钟爱的马呀,怎么能只用大夫的葬礼来办理马的丧事呢?这实在太轻视了。应该用国君的葬礼才对啊。"

楚庄王问道:"那你认为应怎样安排呢?"

优孟回答说:"依我看,应该用美玉做马的棺材,再调动大批军队,发动全城百姓,为马建造高贵华丽的坟墓。到出丧那天,要让齐国、赵国的使节在前面开路;让韩国、魏国的使节护送灵柩。然后,还要追封死去的马为万户侯,为它建造祠庙,让马的灵魂长年接受封地百姓的供奉。这样,天下所有的人才会知道,原来大王是真正爱马胜过一切的。"

鬼谷子

楚庄王顿时明白过来，非常惭愧地说："我是这样地重马轻人吗？我的过错可真的是不小呀！你看我该怎么办才好呢？"

优孟心中高兴了，趁着楚庄王省悟过来的机会，他俏皮地回答说："太好办了。我建议，以炉灶为停，大铜锅为棺，放进花椒佐料、生姜桂皮，把火烧得旺旺的，让马肉煮得香喷喷的，然后全部填进大家的肚子里就是了。"

一席话说得楚庄王也哈哈大笑起来。从此他也改变了原来爱马的方式，把那些养在厅堂里的马全都交给将士们使用，那些马也得以经风雨、见世面，锻炼得强壮矫健。

一四、马车夫的得意

春秋时，晏子（名晏婴）先后担任齐灵公、齐庄公、齐景公时的宰相，政绩显赫，名满天下。然而，晏子并不居功自傲，他为人谦和，生活朴素。有一次，晏子出使晋国。齐景公觉得晏子的住宅低矮潮湿，又临近街市，很喧闹，就在晏子不在的时候为他建了一座新住

第二章 反应

宅。晏子回来后,先拜谢了景公,接下来叫人将新房子拆掉,恢复到原来房子的样子,并把老住户请了回来,屋归原主。他还说:"君子不该做那种毁人居所的非礼之事。"

晏子有个马车夫,他认为自己为宰相赶车,就很了不起。他在大街上驱赶着四匹快马,站在宽大的车盖下,一副趾高气扬的样子。一天,马车夫的妻子在家中往外看时,恰巧看到了丈夫那副样子,觉得十分恶心。马车夫回家后,妻子对他说:"你现在是个大人物了,我配不上你,请求离去。"丈夫非常惊奇地说;"你今天怎么了,说出这种话来?"

妻子趁机劝谏他说:"晏子高不过六尺,但身为齐国宰相,从而名扬诸侯。但我看他坐在车上的时候,样子谦和谨慎。你身高八尺,不过是个马车夫罢了,却做出趾高气扬、盛气凌人的样子。我看不惯你的行为,因此要求离去。"马车夫听了,马上认错道:"你不要再说了,我改了就是。"

从那以后,马车夫时刻注意保持谦恭的样子。晏子很奇怪,问清了事情的前因后果以后,赞赏他知错能改,后来他推荐这马车夫做了大夫。

89

 鬼谷子

一五、斗伯比的意图

春秋时期,楚国的武王派大将屈瑕,带兵去攻打罗国。楚国大夫斗伯比为他送行。回来的路上他对驾车人说:"你瞧屈瑕走路把脚抬得高高的,有多神气。他太骄傲了,不把敌人放在心上,这次打仗他一定要失败!"

回来之后,斗伯比立刻去见楚武王。他对武王说:"请您派援军快去支援屈瑕吧!"

武王说:"那怎么行呢?我们已经没有军队可派了!"

武王没有听取斗伯比的意见,回到宫中对他的夫人邓曼说:"你看斗伯比这人真有意思,他明知我手上已经没兵可用了,却还让我派兵去支援屈瑕!"邓曼想了一会儿,对楚武王说:

"我看斗伯比的意思并不是要派援军,而是说屈瑕自以为是,不听人言,太贪于前线的战功,以为这次攻打罗国必然获胜,因而轻敌。你应该教训、告诫屈瑕。"

"哦,原来是这样!"楚武王终于明白了斗伯比的用意,马上派人去追回屈瑕,可是已经来不及了。

屈瑕将军队带到鄢水岸边，由于他没有一点防备，又没有认真组织兵士渡河，最后在楚军过河的时候，遭到罗国军队的左右夹击，大败而逃。屈瑕一个人跑到山谷里上吊自杀了，其他的将领逃回楚国，向楚武王请罪。楚武王沉痛地说："这是我的过错，我没有听取大家的意见，就派了屈瑕为将，才酿成今天的过错！"

一六、揭竿而起

"揭竿而起"的意思是高举义旗，起来反抗。现在多用它指人民起义。

此典出自汉代贾谊《过秦论》："然而，陈涉，瓮牖绳枢之子，氓隶之人，而迁徙之徒也；材能不及中庸，非有仲尼、墨翟之贤，陶朱、猗顿之富；蹑足行伍之间，起阡陌之中，率罢弊之卒，将数百之众，转而攻秦。斩木为兵，揭竿为旗，天下云集而响应，赢粮而景从，山东豪俊遂并起，而亡秦族矣。"

贾谊（公元前200年～公元前168年），汉阳人，西汉初年著名的政治家和文学家。《过秦论》是贾谊早期论述秦帝国灭亡的重要著作。

这段话意思是说：陈胜一个用破瓮口做窗、用绳子闩门轴的农民的儿子，是一个没有土地的雇农，被流放的罪犯，论德才既没有孔子、墨子的贤德，也没有陶朱公（春秋末年，越国大夫范蠡弃官到陶地经商成为巨富，号陶朱公）、猗顿（春秋时鲁国人，在猗氏经营盐业成为巨富）那样富有；迫于生计他来到军队，不久，便率领士卒以木棒为刀枪高举义旗，天下穷人纷纷响应，山东等地的豪杰纷纷起义，于是秦王朝很快就被推翻。

一七、蔡邕知音

"蔡邕知音"比喻精通音律。

此典出自《后汉书·蔡邕传》。

蔡邕是东汉的文学家、书法家，字伯喈，陈留圉（河南杞县南）人。他喜好辞章、数术、天文，对音律也非常精通，并且善于弹琴。汉桓帝时期，中常侍徐璜等五侯专权，作威作福。他们听说蔡邕善于弹琴，就向桓帝打了个招呼，叫陈留太守命令蔡邕去给徐璜等人弹琴。蔡邕无可奈何，只好跟随使者走到偃师，就声称自己病了，于是又回到家乡陈留。他闲居避世，很少与人交往。

当初,蔡邕在陈留时,一个邻人请他去喝酒。等到蔡邕去时,其他的客人已经喝了一阵子,正处于兴致勃勃之际。有一个客人在屏风后边弹琴,蔡邕走到门口悄悄地听了一会儿说:"唉,用音乐召唤我而有杀戮之意,这是为什么呢?"于是,他就返回去了。奉命请蔡邕的人告诉主人说:"蔡君刚才来了,可是到了门口又返回去了。"蔡邕一向深受乡里人的尊重,主人急忙追上蔡邕,问他为什么又返回去了,蔡邕就将事情的原委告诉了他,主人和客人们听了,都疑惑不解。弹琴的人说:"我刚才弹奏琴弦时,看见一只螳螂正要扑向一只鸣叫的知了;知了将飞而未飞,螳螂准备进攻,对着知了忽进忽退。我当时心中一动,担心螳螂放过了知了。难道这就是蔡君说的杀戮之心,并且在琴音中流露了出来,被蔡君辨识出来了吗?"蔡邕微微一笑,说:"这完全称得上是杀戮之心了。"

一八、瓠巴鼓瑟

"瓠巴鼓瑟"形容音乐奇妙。

此典出自《淮南子·说山训》:"瓠巴鼓瑟,而淫鱼出听；伯牙鼓琴，驷马仰秣；介子歌龙蛇，而文君垂泣。"

楚人瓠巴擅长鼓瑟，他鼓瑟时乐声美妙动听，连游鱼都浮出水面倾听；春秋时的伯牙善于弹琴，他弹琴时琴声悠扬，驷马也会仰首吐沫而乐；春秋时晋人介之推曾跟随晋文公一起出亡，他割股为晋文公疗饥。晋文公回国后，封赏有功之臣，但是介之推却没有得到封赏，他逃入绵山之中。唱起《龙蛇》之歌，晋文公听后泪流不止。

一九、钧天广乐

"钧天广乐"形容优美动人的乐曲。

此典出自《列子·周穆王》："王实以为清都紫微，钧天广东，帝之所居。又见《史记·赵世家》：'我之帝所甚乐，与百神游于钧天，广乐九奏万舞，不类三代之乐，其声动人心。……'"

春秋时期，赵简子突然间生了一种怪病，一连五天都不省人事，满朝文武大臣惶恐不已，就急忙请来神医扁鹊诊治。扁鹊看完病走了出来，赵简子的家臣董安于

第二章 反应

询问病情。扁鹊回答说:"此病经调理血脉即可治愈,不必担心。"接着扁鹊又说,"从前,秦穆公也患过这种病,过了七天才醒过来。秦穆公醒后对大夫公孙支、子桑说,他到天帝的住所去了一趟,甚是欢乐。之所以这么长时间没醒来,是因为在天上聆听天帝的教诲。天帝告诉他,晋国将大乱,以及晋文公将一度称霸等情况。"扁鹊又说,"赵简子的病与秦穆公相同,不出三天,他一定会苏醒过来,醒来之后一定有话要说。"

两天半后,赵简子醒了。他告诉大夫们说:"我到天帝的住所去了一趟,觉得非常高兴。我与众神一起在天的中央游历,听了许多美妙的音乐,看了千姿百媚的舞蹈,这些音乐舞蹈,比夏商周三代的音乐舞蹈都棒得多,其乐声优美动人。"

二〇、汉相国陈平

河南新乡市,在历史上是曾经涌现过大量豪杰将相的地方。今天我们要说的一个国相乃是汉朝开拓者之一的大汉相国陈平。

说起这个陈平,他本来是一个乡间的读书人。在秦

朝，读书人是没有地位的。陈平，他还有一个很优秀的特点，就是对人对物特别遵守约定，他在这个问题上堪称君子。不光如此，他在给别人主持事务上也是很公正和公平的。这个平简直就迎合了他的名字的平。乡人有了争议往往喜欢找这个风流倜傥的小哥子帮忙处置和调解。在户牌乡，只要是陈平调解的争端，双方都是很服气，不会再行争议了的。又过了一阵子，天下大乱，陈胜这个陈平的同宗在大泽起义。一时间，天下诸侯纷纷响应。武阳最接近的地方就是下相，而下相有项羽叔侄的起义。陈平就带着自己的夫人投靠了项羽，并在项羽的帐下做了一个行走秘书的职务。就是项羽说什么，他陈平得走着给记录下来的意思。官职不大，却是参与机密的重要职使。

又过了段时间，陈平在项羽帐下深感项羽的残暴，他又在和沛公就是现在的汉王的接触中，为沛公的忧民忧国的一片苦心所打动。于是，他在被封为汉王的沛公即将入蜀的时候，悄悄地跟随汉军进了巴蜀。这个陈平可是天下少数几个绝顶聪明的美男子，汉王一见便对他非常器重，让他跟随在张良的身边，同时又他给萧何、曹参做副手。而且，这个陈平对于刘邦等人来说还有一

第二章 反应

个天大的人情的。那就是在鸿门宴的时候,几次项羽的手下要难为刘邦,就是这个在楚军中有相当地位的陈平出面,几句轻描淡写的话就的刘邦的危局给化解了。这个人情债,刘邦也是要还的。因为那个时候的陈平还不是他刘邦的臣属呢。在汉军,陈平一个人身兼几个职务,虽然都是副职,但是都是有参与决策权的职务。汉王对他又是信任有加,使得陈平在汉营感到自己的前途是一片光明。他在这样良好的环境中,脑袋也是格外的灵光,一条一条的计策想出来了,而这些计策的大多数得到了汉军的采纳并生产了相应的效力。现在,陈平又想出一条离间楚国君臣的计策来。

汉军和楚军在荥阳对峙,汉军的粮道屡屡被楚军袭击,致使汉军处境困难。于是,汉王先是想楚议和,以荥阳为界限,天下非为两半,汉占其西,楚得其东。但是,楚项羽并没有同意。于是,逼迫陈平只好出此计策,离间计。陈平给汉王分析说:"楚国兵力虽众、将官也很多,但是深得项羽器重的只有亚父、龙且、钟离昧、周殷等寥寥几个。范曾虽然号称亚父,他确实是一个天下奇人,智谋之精深,大有凌驾于我汉国众谋臣之上的气概,但是项羽其实在骨子里早就厌倦他很久了。

我们要离间,就要把重心放在这个关系上。至于离间其他人和项羽的关系,我们不做重点谋划,要是也成功了,算是运气,没有成功,也会损害他们君臣关系的。"汉王、吕后以及张良、萧何、曹参都表示了此计策很好。于是,陈平就向汉王讨要了三万斤黄金去打点这条计策。陈平在过去楚国的时候是有过贪污的记录的,但是,汉王对陈平的这个要求却没有丝毫的迟疑,马上就叫萧何拿出三万斤黄金出来打点楚国君臣。以后的事实证明,陈平没有从这三万斤黄金里克扣一分一毫自己享用。

一时间,在楚军的大营里是谣言四起,都说以龙且、钟离昧为首的大将在项羽手下为将这么久了,但是却没有享受封茅裂土的待遇,要是霸王再不给他们应该的待遇,他们几个大将就将去投靠汉王,仿效那个张耳一样,还可以得到封赵王的待遇。那个张耳他算是什么啊?也可以封王,他们几个的功勋又有哪个在张耳之下啊?霸王项羽也听到这样的谣言,他这下可不再听取战绩个当事人的辩解,就把他们几个统统打发去了对付齐国的战场。"隔绝氧气免得氧化。"项羽的想法其实是蛮科学的呢。这样,汉王当前的压力就被减轻了。而项羽

第二章 反应

现在也同意了和汉王的讲和意图,他要和汉王谈判。

既然项羽答允谈判,那陈平的主意就出来了。他在接待一拨霸王项羽的使者的时候,备出最好的太牢三牲,还命令手下拿出最好的秦地的九里香的好酒款待。在宴席开始的时候,陈平就假装询问:"贵使是霸王派遣来的还是亚父派遣来的啊?"亚父范曾虽然在楚国贵为亚父,他却没有派遣使者的权力和资格。几个使者面面相觑,老实地说到:"我们是霸王派遣来和汉王的人谈判的。"这下,陈平就很夸张地吩咐手下:"快,把这些东西撤下去,我们现在粮食奇缺,这些三牲都是用来祭祀宗庙的,我本来以为你们是亚父的人,我才如此破费,现在我知道你们是霸王的人,就只能享用这样的东西了。说完陈平把手拍了三下,一队士兵抬上几个食盘,里面装着粗糙的饭菜,而且分量还不够,酒?那是没有的,杯子还是有的,里面有一点发浑的水,显然是没有烧熟的生水。霸王的使者顿感自己被侮辱了,他们也不谈判了,马上起身和陈平告辞。陈平也没有挽留,说了声:"贵使怎么不吃饭啊?慢走了哦。"

三天之后,有人在距离彭城三十里外的一个山坡下的一条干涸的水沟里,发现了项羽亚父范曾的尸体,他

背后的疽疮可以作证。范曾死的时候,是怒目圆睁、死不瞑目的样子……

大汉成为天下之国后,陈平功高绩显,自然是封侯晋位了。在谣传韩信要谋反,而高帝刘邦慌作一团的时候,满朝文武又都在吵吵着要发兵,陈平却一股劲地问汉高的武力可否比韩信?一盆水浇得汉宫冷清。这才有了出奇计汉皇游云梦,韩信无愧却遭擒的故事发生。再以后,陈平在宦海沉沉浮浮,最终,他在吕后主事时期当上了汉朝的丞相。而这丞相就一直当到汉孝文帝时期才告老还乡。陈平在汉朝也可算得是官场不倒翁了。这和他到处是哲学有莫大的关系。

二一、东方朔答武帝

西汉时,武帝的宫中有个叫东方朔的人,滑稽多智,三寸不烂之舌能令人惊奇。

汉武帝为了长生不老,竟大肆挥霍财富寻求仙丹妙药。据说有一次,一个方士献给汉武帝一坛"仙酒",胡绉饮了它真的可以"万岁!万岁!万万岁!"汉武帝当时正忙着,就把它珍藏起来,准备好好享用。谁知东

第二章　反应

方朔知道此事后，竟把这坛酒偷偷地喝掉了。汉武帝知道后龙颜大怒，喝令立斩东方朔。

东方朔被捆后却大笑不已。武帝惊问道："你死到临头了，还笑什么？"东方朔说："方士说那酒是'不死之酒'，如果这酒真能让人长生不死，那么，你就无法将我杀死。如果一刀下去，我还是死了，这酒还称得上是'不死之酒'吗？人哪有不死的？如果皇上为了这'假仙酒'而将我杀死，不是要令天下耻笑吗？"

武帝觉得杀了机智的东方朔很可惜，而且也真得怕天下人耻笑他而终于放了东方朔。又有一次，汉武帝对大臣们说："我觉得《相书》上有一句话是很对的：'人的人中如果长一寸，就可以活到一百岁。'"肃立下面两边的文武官员一齐鸡啄米似地点头称是："对对对！皇上所言极是！"只有东方朔却哈哈大笑起来。

汉武帝面露不悦之色："爱卿为什么要笑朕，难道朕说得不对吗？"东方朔摇头说："我哪里是笑陛下呢？我是笑彭祖面长！"武帝不解地问："彭祖面长有什么好笑的呢？"东方朔说："传说彭祖活到八百岁。如果《相书》真的很准的话，那么彭祖的人中就应有八寸长，

鬼谷子

而他的脸就该有一丈多长了。想到这儿,我怎么还忍得住不笑呢?"

汉武帝一听,也不禁大笑起来。过了一段时间,汉武帝游览上林苑,看见有一棵树长得很奇特,问东方朔:"你知道这棵是什么树?"东方朔并不知道此树的名称,随口胡说了一句:"它叫'善哉'"武帝听后也不应声,暗中派人削掉它的枝干为记号。一晃几年过去,汉武帝又来到上林苑游玩,又问东方朔那棵树是什么树。

东方朔早就把上次的答案忘了,又胡说了一句:"叫做'瞿所'。"汉武帝却没忘记,脸一沉说:"上次你说这树叫'善哉',这次又称这树叫'瞿所',怎么两次说的不一样呢?"东方朔愣了一下,但马上笑着辩解道:"大的马叫马,小的马叫驹;大的鸡叫鸡,小的鸡叫雏;大的牛叫牛,小的牛叫犊;人初生时叫小儿,老了叫某老;以前这树叫善哉,现在这树叫瞿所。世上人的老小、生死,万物的衰败、成长,哪有分固定的名称呢?"

东方朔的巧辩使武帝很是佩服,他只是连连称赞东朔:"说得好!说得好!"

第二章 反应

二二、石勒识臣

公远318年,汉主刘聪暴病而死。太子刘粲继位不久,就被国丈靳准干掉。石勒终于找到借口,以讨伐靳准为名,率精兵五万五千,进据襄陵北原。在乱世纷犹、英雄辈出的年代,虽惺惺相惜叹赏刘琨的卓然之采,倾慕其淳淳操节,石勒仍不为所动,报书答刘琨:"事功殊途,非腐儒所知,君当逞节本朝,吾自夷,难为效!为报答刘琨送母送侄之情,石勒回馈刘琨名马、珍宝一批,厚待来使,谢绝使归。

石勒在葛陂修整兵马,整造大船。假如不是连下三个月的大雨,他还真有极大的可能一举攻克江南琅琊王司马睿的根据地。

石勒所率人马,绝大部分是北方人,到南方本来就水土不服,战斗力下降。又赶上连月大雨,军中瘟疫流行,粮食断绝,得痢疾、血吸虫病而死以及饿死的兵士将近一半还多。司马睿一方也深知当前是生死存亡的紧要关头,没有任何退路,便严命诸将在寿春(安徽寿县)集结,准备拼死相抗。

麻杆打狼两头怕。石勒一时也陷在葛陂。要进攻，士卒疲惫病伤，根本不可行；要后退，害怕聚结在寿春的晋军随后追杀，一网打尽。搜集了一堆晋军方面送来的檄文和招降书，石勒大会众将问计。

右长史刁膺首先发言，他劝石勒先向琅琊王司马睿献表表示投降，以为晋朝扫清河朔为名，待晋军退走后再作别的打算。"（石）勒愀然长啸"，困虎生威，异于常人。

中坚将军夔安劝石勒就高避水。石勒说："将军怎么这么胆怯！"

孙苌、支雄等三十多石勒旧将，均属胆气豪壮、有勇无谋之辈，上前进言："现在晋军还未集聚完全，请各授我们三百步卒，乘船分三十余道，夜登其城，斩守将首级，得其城，食其仓米。如此，今年肯定会破丹阳，定江南，把司马家子弟尽数活捉！"石勒闻言一笑："确实是勇将之计"，赐众将每人铠马一匹。其实石勒心中明白，这些武将是在吹牛逼。

最后，见谋士张宾一直不说话，石勒问："君计如何？"

张宾成竹在胸，一一道来："将军您攻陷帝都洛阳，

第二章 反应

囚执天子，杀害王侯，奸掠妃主，拨将军之发不足以数将军之罪，怎么可能又向晋朝称臣呢？去年诛杀王弥后，本不应在江南一带逗留。现在，天降大雨，数百里皆成泽国，正是上天示警，将军您不宜长留此地。邺城有三台之固，西接平阳，四塞山河，应回军北上攻占此城。伐叛怀服，扫平河朔，又有谁能与将军你争锋呢。"

看见石勒赞同之余，脸上仍旧有忧虑之色，张宾进一步打消石勒的顾虑："晋军齐集寿春，是惧怕将军您率大军攻击，如果听说我们回师北上，他们高兴还来不及，根本不可能想出会奇兵追击我军。我们可以先使辎重回撤，主力大军故意作出对寿春发动总攻的姿态，敌人必不敢轻动。待辎重过后，大军按部就班，慢慢回撤，进退有据，可以万全！"

石勒站起，掀髯大笑："张宾之计正合我意！"接着，他扭头责斥刁膺："你作辅佐谋臣，应该规成功业，怎能劝我投降！本该斩你，但念你本性一向怯懦，并非出于私计，所以这次我宽恕你！"石勒立即宣布把刁膺降职，右长史一职由张宾接任，加中垒将军，号曰"右侯"。

石勒在部署军队后撤的同时，遣其侄石虎率精骑二千直奔寿春,做出进攻前锋的姿态。当时石虎刚刚出道,战争经验不足,见江边晋军运粮船新到,与左右将士贪念船中军资,争相攻抢。晋军在江边早严阵以待,数道伏兵一齐冲出,在巨灵口大败石虎一军,汉兵掉入水中淹死五百多,余众四奔,溃退百里,一直逃到石勒正往北回撤的后军。

石勒军中大怖,以为晋军主力来攻,营中慌乱异常。久经战阵的石勒倒还镇定,指挥兵士排成阵形。追击而至的晋军怕有埋伏,见好就收,回军坚守寿春,如此,则丢失了乘乱歼灭石勒的最佳机会。

回军路上,石勒部众确实艰苦异常。由于晋军一方采取坚壁清野的战略,石勒军中无粮,"士众相食",兵士们只能把老弱兵残当干粮,拼命北撤。行至东燕,又依张宾之计,石勒出奇兵夺取晋将向冰的战船,把军队整船整船地运送过河,然后前后夹击,大败向冰,夺取大量军粮和物资,终于挺过难关。

修整过后,石勒下令,长驱进攻邺城的晋将刘演,击降晋军数万。由于邺城三台险固,石勒一时不能攻下,诸将皆建议不计代价死拼。关键时刻,又是张宾出主意:"三台不可轻易攻克,不如暂且舍之,令其自溃。

第二章 反应

今天下鼎沸，人无定志。得地者昌，失地者亡，邯郸、襄国，赵之旧都，依山凭险，形胜之国，可择此二地为都城，然后命将四出，授以奇略，如此，将霸业可图"。正是依从张宾之计，石勒攻占襄国（今河北邢台），有了一个稳固的根据地。从此，石勒一扫昔日百战百胜但又飘忽不定的盗贼习性，开始有了更为长远的打算。其实，刘琨先前的劝降书，对石勒及其谋士张宾等人无形中也起以一点作用。英雄谋略，自是不同凡人。

石勒在襄国立足未稳，首先遭受的严重挑战来自晋朝幽州刺史王浚派来的鲜卑联兵。段部鲜卑的陆疾眷、其弟段匹磾以及其堂弟段末杯等率五万多兵众大举进攻襄国。当时襄国城隍未修，守具缺失，石勒军卒只能修筑临时隔城抵御。

双方交战，鲜卑人战斗力极强，数次击败石勒的军队。诸将畏惧，皆建议固守不出。石勒认为，敌众战寡，如果时间一久，外接不至，内战断绝，只能困于城中等死，应该出城一战。

谋士张宾赞同石勒之议，他说："敌军大众远来，认定我战军寡弱不敢出战，必然懈怠。段氏鲜卑勇悍，段末杯部更是强中之强，应出其不意，速在北垒凿开突

门二十余道，以迅雷不及掩耳之势冲出，直击段末杯大帐。打败了这支精锐，其余的鲜卑、汉族兵士就不足畏惧。

石勒依计而行，命孔苌等将率兵从突门冲出，生擒了段末杯，并乘胜追击，鲜卑、晋军伏尸三十里，丢失铠马五千匹。

鲜卑将领陆疾眷屯军于渚阳，喘息之际，送铠马金银，打算与石勒讲和，想赎回被俘的段末杯。诸将痛恨鲜卑屡次杀戮兵士，纷纷劝说石勒杀掉段六杯以挫鲜卑锐气。石勒不从，说："辽西鲜卑，健国也，与我素无仇怨，他们只是受王浚指派来攻击我。今杀一人而结怨一国，非明智之计。放之必悦，以后必不为王浚所用"。

石勒此议，深谋远虑。石虎与陆疾眷结为兄弟，鲜卑军队引还。段末杯更是感激石勒不杀之恩，归途中不停向南跪拜石勒。自此，段氏鲜卑大部再也为王浚所用。

上白一战，石勒又攻杀乞活军首领李恽（晋朝任李恽为青州刺史），石勒思其拒战，要坑杀全降卒。洋洋得意之际，石勒骑马从要被处死的汉人队伍面前走过，

第二章 反应

忽然发现从前一直善待自己的老雇主郭敬。

这位半大老头子可怜巴巴,形忽枯搞,鼻青脸肿。石勒赶忙下马,执着郭敬的手问:"是郭三爷吗"?郭敬忙伏地叩头,"正是在下"。

石勒泪如雨下。他青少年时代如果没有这位财主恩人相救,恐怕尸首早已喂了野狗。"今日相遇,真是天意啊"!石勒悲喜之下,马上吩咐从人献上衣服车马,立拜郭敬为上将军,准备坑杀的数千人一并免死,归为郭敬统领。善有善报,终于在老实人郭敬身上体现了一回。

晋帝建兴元年(公远313年),石虎大军攻克邺城。石勒亲派守令,重新营建,使他在河北的根据地日益扩大和巩固。

不久,他又利用晋臣刘琨和王浚这间的予盾,使其互不相求,袭杀了王浚,占据了幽州。

接着,石勒军将又连破晋臣刘演、温峤等人,并镇压了河间等地王春的起义,大败乞活军王平,活捉了刘演的弟弟刘启(刘演和刘启都是刘琨的侄子)。石勒很仗义,因感激刘琨送其母侄,也下命赐刘启田宅,并派儒官为刘启讲授儒经。

鬼谷子

晋帝建兴四年（公元316年）底，石勒又在广牧（今山西寿阳）附近山间设伏，大败刘琨刚从拓跋鲜卑部收来的晋兵数万人，干掉了刘琨的全部老本儿。晋朝并州守军也闻风投降，大英雄刘琨不得不投告段匹磾，不久被杀。

二三、坐观成败结果

汉武帝时期，大将军卫青家里有两个舍人，一个叫田仁，另一个叫任安。这二人官运不错，都当上了不小的官。然而，他们安享富贵，知进而不知退，最酿成大祸，被武帝诛杀而亡。

田仁是怎么被处死的呢？汉武帝有一次外出巡视，丞相又要亲自带兵出战，身为丞相司直的田仁那时候负责防守京城。正好这时，汉武帝的儿子戾太子要求出城。田仁想到武帝和太子有骨肉亲情，于是就答应了。这件事让汉武帝知道了，他认为田仁是故意放纵太子，便下令把他杀了。

而任安又是怎样被处死的呢？

任安是北军使者护军，戾太子驱车来到北军南门外，召见任安，交给他一支令箭，叫任安出兵作战。任安拜受令箭以后，回到军营内，闭门不出，可是却不肯出兵。汉武帝听说了这件事，他认为任安太狡诈了，虽然接受了令箭，却不肯出兵，简直是不把太子放在眼里，这成何体统？，所以对任安十分不满。北军中有一个管钱粮的小官，经常被任安鞭打和羞辱，记恨在心，向汉武帝告任安的状，说任安接受太子令箭以后，曾经在私下里讲："太子召见我，是想要我的好兵甲。"汉武帝读了这封告状信后就说："任安这个老家伙，看着战斗就要打了起来了，却袖手旁观，想坐收渔翁之利，对我三心二意，没有一点忠心。过去，任安多次犯有该死之罪，我都赦免他。现在，他竟然心怀鬼胎，对我没有一点忠心。"于是，武帝下令把任安交给狱吏查办，杀死了他。

二四、崔浩的预言

北魏太武帝二年，朝廷议论出击柔然，但大部分大臣、贵族持消极态度，保太后也极力劝阻太武帝，大武帝还是固执己见。只有崔浩拥护太武帝的意见。尚书令

刘洁、左仆射安原等便派黄门侍郎仇齐带着夏国赫连昌的太史张深、徐辩劝太武帝："今年是巳巳之年，是三阴齐集、阴气最盛的时期，木星遮掩月亮 2 金星出现在西方，这些都显示不能兴兵打仗。如果发动北伐，必定要失败，即使侥幸胜利了，也会给皇上带来灾难。"大臣们也都盛赞张深："张深年轻的时候常常规劝苻坚不能南下进攻东晋，苻坚一意孤行，结果大败而归。目前天时不和，人心不齐，怎能轻举妄动、贸然出兵？"太武帝有点犹豫了，便召崔浩与张深等深入地讨论一下。

　　崔浩首先发言，他责备张深说：'"修德属于阳，用刑属于阴，所以发生月蚀，就是上天指示我们要用刑了。而天子用刑，大则用之于战场，发动正义的战争，小则用之于刑场，处决邪恶的罪犯。战争，不过是天子用以惩罚邪恶的工具。据此我认为阴气聚集正是用兵之时，因为三阴之年阴气盛，用刑也正是阴气盛的象征。木星遮掩月亮，指示收成不好，将发生灾荒，但这是应在别的国家，而且是在十二年之内才会应验。太白金星行经苍龙宿，这指示东方将会有不吉利事发生，并不会妨碍我们北伐。张深等人是凡夫俗子。没有深刻的思想和高远的智慧，又在圣学中掺杂了阴阳术数这些歪门邪

第二章 反应

道,所以不可能真正地识破天机,也不能与他们讨论国家大计。我仔细地观察天象,发现这几年以来,月亮(太阴)的轨道遮掩了显星,直到现在仍然如此。这预示着三年之内天子将大破北方游牧部落。柔然,高车正是这些游牧部落。伟大的圣贤能够利用天赐良机,做出常人难以想象的事。古人曾说过:'圣贤做一些伟大的事业,开始众凡夫俗子都嘲笑、恐惧,等大功告成时,又没一个人说话了,全都服服贴贴。'希望陛下千万不要犹豫不决。"

张深等人嘲笑说:"柔然远在化外,占领了他们的地盘也没法耕种,统治了那儿的人民也没法役使,他分都是游牧部落,行踪不定,我们很难实行控制,干嘛要害得我们的将士排死拚活去抢这块没多大用的地方?"

崔浩说:"张深等人如果与我讨论天时变化,还勉强说得过去,如果与我们大谈天下形势,那可就不自量力了。他们所知道的仅仅是汉代流行的一些陈词滥调,根本不适合当今的情况。为什么这么说呢?柔然是国家以前充边的叛臣、罪犯的后代,现在我们发兵诛杀其元凶,保护善良的人,使他们恢复其地位,这些人并不是没有用处。漠北气候凉爽,蚊蝇等害虫无法学生,水草

肥美,夏天时我们可以耕种那儿的土地,就是说那儿并不象人们说的那样不能靠农业养活人。柔然贵族投降我们后,出身高贵的成了皇家女婿,低贱的成为将军、大夫,朝中将军多有柔然人在,高车也号称为精锐骑兵,他们也并不是不能驾驭、为我所用。在中原农耕生活的人看来,他们骑马驰骋,来去无踪,对我们来说则不然。为什么呢?因为他们能跑多远,我们也能追出多远,他们并非难以控制。此前他们几次入塞进犯,举国震动。如果在今年夏天趁其内部空虚,一举攻灭其国家,等到秋天他们马肥人壮,我们又会不得安宁。从明元帝统治以来,柔然几乎年年进犯,这事难道不是很紧急的吗?世人都传说张深、徐辩精通术数占验,能预计胜负成败,咱们可以试试他们。如果问他们西秦未灭之前,有什么标示灭亡的征兆?如果他们知道却没告诉西秦王、那是他们不忠,如果确实不知道,那便说明他们无知。"

当时西秦末代皇帝赫连昌在坐,张深等人只好承认没有预料到灭亡的迹象。太武帝很高兴,对大臣们说:"我已下定决心了。不能与亡国之臣讨论国家大计,果然不错!"然而保太后仍心有疑虑。太武帝便命大臣们

第二章　反应

又到保太后面前进行讨论，特别指出要崔浩说明其中利害以解开太后心中的疑惑。

退朝之后，有人指责崔浩说："南方的宋国一直在进攻我们，你不去理会反而要北伐，要打柔然，就得长途行军，我们还没到，敌人就早已逃窜了，恐怕什么也得不到，但却面临宋国从南面进犯的危险，这是很冒险的。"崔浩说："如果我们不在今年之内消灭柔然，那我们就无法集中力量对付南面的劲敌。我们吞并西秦之后，宋人极为恐惧，所以兴师动众，加强在淮河一线的防御。目前的形势只能是：他们防着我们，我们防着他们，互相对峙他们不会贸然北进。我们攻灭柔然人，只是一去一返之间的事。他们不可能迅速地发起进攻。为什么这么说呢？你们大概还记得：刘裕占领关中后，留下他心爱的儿子率领数万精兵强将守卫，最后仍全军覆没，惨酷之状你们大概还记忆犹新吧。宋国人怎么会愚蠢到在我们国家正在鼎盛时代、兵强马壮之际北犯，这不是自投罗网吗？即使我们拱手让出黄河以南土地，他们恐怕也守不住。他们会量力而行。决不会贸然北犯。在淮河一线屯集重兵，也只不过是防御而已。看到瓮中水结冰了。就该推知天气严寒了，举一反三，天下事可推类而知。而柔然一直自以为远在偏远地区，我们鞭长莫及。所以防守很松懈。好象没事似的，夏天就散布到广阔的草原上游牧，秋天牛肥马壮时再会合一处，逃避北方的寒冷，向温暖的南方行进，掳掠。现在我们趁其不备，打他个措手不及，大军一到，肯定乱成一团，望风逃窜。那个时候公马正在长膘，母马正在哺乳，难以长途奔驰，如果几日不得水草，就会疲累不堪，我们即可将其一举歼灭。这样就可一劳永逸。这个时机也很重要，决不能错过。我原来就担心天子下不了决心，现在圣意已定，谁能从中作梗？"于是大军出动。巫师疑惑地问崔浩："这次真的能取胜吗？"崔浩说："没问题。我只是担心各路将领行动迟缓顾虑重重，放不开手脚，以致不能乘胜深入漠北追击，将其一举全歼。"

　　北魏大军到柔然，柔然人根本没有防备，仓惶逃窜，于是军队散开搜捕追击，战线东西长五千里，南北纵深三千里，虏获无数牲畜、财物。高车人趁火打劫，杀了几十万柔然人。柔然就此一蹶不振。太武帝又沿弱水向西追至涿邪山，将领们害怕有埋伏，劝大武帝停止追击。巫师把临行前崔浩"说的话告诉太武帝，力主勇追穷寇，但太武帝不听。后来柔然的降将说："柔然首领当时正在生病,不知所措,便烧了帐蓬,带百余人进入山区,向南逃跑。剩下的人畜挤在一起,几十里地塞得满满的,没有个首领,队伍长达一百八十里,仓惶逃窜。只是后来发现无人来追,才从容地向西逃去,幸免全军覆没。"后来凉州来的商人也说:"如果再向前追上两天,就可将其全歼。"太武帝非常懊悔。

北魏大军班师回来后,得知宋军一直按兵不动,验证了崔浩的预言。

二五、唐玄宗错用人

安禄山起兵之后,杨国忠因为自己担任着剑南节度使,便在梁州、益州之间布置好了心腹,以便算计好自全的办法。六月初九日,潼关失守。十二日凌晨,玄宗带着龙武将军陈玄礼、左相韦见素、京兆尹魏方进,杨国忠与杨贵妃及亲属一起护拥着玄宗出了玄秋门,各亲王、妃嫔、公主来不及跟上,担心叛军马上就要到来,便命令宦官曹大仙在春明门外击鼓,又把积聚的各种粮草放火焚烧起来,烟火照亮了天空。渡过渭水之后,便下令断了便桥。

鬼谷子

这天辰时,到了咸阳望贤驿,官吏们惊骇逃窜,不再顾及贵贱,坐到宫门外的大树下。中午时分,玄宗还没有吃饭,有一个老头献来麦子,玄宗让做点饭,这才吃上点东西。第二天,到了马克,士兵们饿得很愤怒,龙武将军陈玄礼担心动乱,先对士兵们说:"现在天下分崩离析,君王颠簸流浪,难道不是由于杨国忠剥削压迫老百姓,导致朝野怨恨而到了这个地步吗?如果不杀了他以谢天下,又怎能平息四海之内的怨愤呢?"大家都说:"这么想了很久了。只要能这么做,即使死了也是愿意的。"正值吐蕃的和好使者在驿门口拦住杨国忠诉说着什么事,士兵们喊叫说:"杨国忠与吐蕃人在谋叛。"各个军营便围住驿馆把杨国忠抓了起来,斩了他以平民愤。这一日,杨贵妃被吊死之后,韩国、虢国二夫人也被乱兵所杀,御史大夫魏方进死了,左相韦见素受伤。过了很久士兵们才平静下来,陈玄礼等去见玄宗谢罪说:"杨国忠干扰破坏国家的法令制度,导致了祸乱的发生,使得百姓涂炭,皇上也颠沛流离,这样的人不杀掉,患难就无法结束。臣等为了社稷的大计,请假传圣旨之罪。"玄宗说:"朕没有认清他,错用了人。近来也有所发觉,认识到了他的奸诈,本想到蜀中之后,

公开判罪用刑。今天神明启发了你们，完成了我的夙愿，将要给你们以爵赏，还用说别的什么呢。"

二六、豹死留皮的企图

唐朝末年，黄巢起义失败以后，封建割据势力到处横行，纷纷占领土地，在中原形成了梁、唐、晋、汉、周割据的小朝廷。（后）梁太祖（朱温）手下有一个大将，叫王彦章，字子明，为人骁勇有力，能光脚踏着荆棘行走百步，手使一杆铁枪，骑马冲突，迅疾如飞，没有人敢与他对敌，军中称之为王铁枪。王彦章与（后）唐军队争战，由于兵力单薄，被（后）唐军队打败，他身负重伤，当了俘虏。（后）唐庄宗（李存勖）嘲弄地说："过去你把我当做小孩子看待，耍弄，今天被我抓住，你服不服？"王彦章回答说："大势已去，不是人力可以挽回的，我有什么服不服的！"

（后）唐庄宗顿起怜悯之心，赐给王彦章药品，叫他医治创伤。王彦章是个武人，不懂得诗书，常常采用民间流传的谚语表达自己的思想，他曾经对人说："豹死留皮，人死留名。"意思是说，生前建立功业，要留

名于后世，绝不能干投降变节的事。他的忠义之心，是不可改变的。（后）唐庄宗怜惜他是勇武之才，想保留他的性命，派人劝他投降。王彦章谢绝了，说："我与你（后）唐庄宗血战十多年，今天兵败力尽，被你俘虏，必须要死呢？况且我深受（后）梁朝廷之恩，非死不能报答，岂有早晨效忠于（后）梁朝、晚上又效忠于（后）唐朝的道理呢？这样的话，我还有脸见天下人么！"（后）唐庄宗又派李嗣源（明宗）去劝降，王彦章重伤在身，起不了床，仰视着李嗣源，大声叫着他的小名，说："你不是邈佶烈吗？我怎能在你面前屈辱地活着呢？"李嗣源出身沙陀平民，没有姓氏，只有一个小名叫邈佶烈。王彦章这样的不给他面子，李嗣源怎么会不愤怒呢？王彦章被杀了，时年六十一岁。

二七、吴棠酒令气钦差

吴棠，字仲宣，号棣华，明光三界人。先祖于明代中叶由徽迁滁，始卜居于三界。世代以来耕读相守。吴棠自幼勤于学，艰苦自力，家境贫寒，常在月光下苦读。少年时考中秀才，后中道光15年（1835年）江南

第二章 反应

乡试中为举人。先后五次赴说会考，均名落孙山。道光24年（1844年）经"大挑"合格，被朝廷任命为清河（今淮阴）知县，从此步入仕途。

吴棠生性耿直，清正廉明，常说："为官不能失任，为人不能失品，勤理政事，为民做主。"清河县被他治理得如"世外桃源"。在黑暗的官场上，吴棠不断遭到明枪暗箭。一次地方上一些贪官诬陷吴棠"吃漕吞赈"，列了罪名，联名控告到京。当时京城各部衙门里有一些官员官品虽高，但无实职，就靠地方上官官互告吃案子，遇上屁股有屎的主儿，一次可弄回个千儿八百两白银。有时还两头使劲，你不是要搬倒某位吗？需我在皇上面前添油加醋吗？你得出点血。你不是要保住官位吗？需我在皇上面前避重就轻，大事化小，小事化了吗？你得出点血。

话说吴棠被人联名告到京城，皇上派钦差大臣下来查案。钦差大人一路盘算着"吃漕吞赈"案件重大，你吴棠的安危、升迁还不是在我一章奏折吗？你不给弄个大几百两白银，轻者叫你卷铺盖回家，重者叫你脑袋搬家。当时的清河漕运总督杨大人是吴棠的好友，很器重吴棠的为人，想在钦差大人面前卖个薄面，为吴棠解

鬼谷子

围。这吴棠认为自己身正不怕影子歪,一没贪污,二没揩拿,哪弄银子去贿赂?就是银子也不愿做那低声下气,有辱人格之事。杨大人见吴棠使性子,气极地说:"不要你低声下气,京官来了,按礼节你也应该设宴恭请人家吧?"吴棠点头答应下来,杨大人要作陪,缓和气氛,好寻机代为说情。

钦差大人到后,吴棠设宴为其洗尘,杨大人作陪。三人各想各的心思,酒宴十分冷清。酒过三巡,菜上五味,杨大人为活跃一下气氛提议行酒令,想借行酒令吐出心里话为吴棠说情。杨大人说:"我们今个用拆字、拼字法作词表心情,作不上来者罚酒三杯。"钦差大人也觉得这酒喝得有点冷清,也想把气氛挑起来,看能否找到机会点拨一下吴棠,看是否已为自己准备了银子,连忙赞同说:"客随主便,我听杨大人的。"这吴棠憋了一肚子气,见二人都要行酒令也就点头同意了。

杨大人干咳两声,清清嗓子,首先开始:

"有水是清,无水是青,无水有心便是情,不看僧面看佛面,鱼儿无情水有情。"

钦差大人听完鼓起掌"好、好、好!"略作思索后,装腔作势地接上一首:

第二章 反应

"木目成相,有心是想,无心添雨成霜,只扫自己门前雪,休管他人瓦上霜。"

杨大人听懂了,这钦差大人是不让他为吴棠说情,但杨大人既不称赞也不鼓掌,却看着吴棠说:"吴大人,该你啦,行不上来要罚酒唷。"

吴棠也不搭茬,随口吐出了心中的窝火:

"有水是溪,无水是奚,无水添鸟成鸡,得势狸猫凶似虎,落毛凤凰不如鸡。"

杨大人一听吓出了一身冷汗,狠狠瞪了吴棠一眼后忙端起酒杯打圆场说:"酒令行的都不错,谁也罚不到,来,来,来,我们共同干了这杯。"那边钦差大人没动杯子,边吴棠也没动杯子,这可急坏了杨大人,他自找台阶自个下地说:"好、好、好,这杯酒我先喝,我知道你们二位酒量不行,来,你们吃菜。"钦差大人借口长途跋涉有点疲劳,起身告别先走了。钦差大人走后,杨大人气得指着吴棠说:"你呀你!真是不知拐弯的竹竿,这后果可不堪设想呀!"吴棠说:"我为人不做亏心事,半夜敲门心不惊,是福是祸随它去了。"

钦差大人回京后,将吴棠"吃漕吞赈"一案添油加

鬼谷子

醋的写了厚厚一道奏本，请皇上降旨治吴棠死罪。当时执政的是咸丰皇帝，当年的小玉兰自咸丰年选进西宫，由懿贵妃成了皇后，手中掌握了朝廷大权，她一听说钦差大臣告清河知县吴棠，忽然想起几年前落难河岩是吴棠差人送的三百两银子解的困，知恩不报小人也。慈禧根据吴棠的为人分析，定是奸人诬陷，于是力荐重用吴棠。

几日后，皇帝下了一道御旨，清河知县吴棠升任邳州知府，联名诬陷吴棠的几名贪官，革去翎带，免为庶民。贪财枉报的钦差大人官降二品。钦差大人听后目瞪口呆，自认倒霉。杨大人得知此事，生气地指责吴棠："好你个吴大人，平时看你是一根肠子通到屁眼沟，原来你在皇帝身边有人。"吴棠也给弄懵了，直到后来连连升官，才知是慈禧太后使的劲，那慈禧就是当年的小玉兰，吴棠心里暗暗庆幸。

二八、赤膊上阵

"赤膊上阵"比喻人们处理复杂事务时，不加防范，不留退路，一味蛮干。

此典出自《三国演义》第五十九回。

曹操有一员虎将叫许褚,他听说敌将马超英勇,便下战书,要与马超决一雌雄。第二天,马超挺枪纵马立于阵前,许褚拍马舞刀而出,斗了一百余回,胜负不分。马匹困乏,各回军中换了马,又斗一百余回,许褚性起,飞回阵中,卸了盔甲,浑身筋突,赤体提刀,翻身上马,来与马超决战。又斗了三十余回,许褚奋力举刀便砍,马超闪过,一枪向许褚心窝刺来。许褚弃刀将枪夹住,两个人在马上夺枪。许褚力大。一声响,拗断枪杆,各拿半截在马上乱打。两军混杀起来,曹操的军队大乱,许褚臂中两箭,慌忙退回寨中。后人看到这里,在书上批道:"谁叫你赤膊上阵?中箭活该。"

二九、负重致远

此典出自《三国志·蜀书·庞统法正传》:"统曰:'陆子可谓驽马有逸足之力,顾子可谓驽牛能负重致远也。'"

《三国志·蜀书·庞统法正传》中这段话,是说陆

绩好比一匹脚力很快的马,有超逸的才能;顾劭好比是一头吃苦耐劳的牛,能够负重致远。这就是"负重致远"这个典故的最早记载。通常是指背着沉重的东西送到远方,比喻一个人能够担负重任。

公元210年,三国东吴大都督周瑜在巴陵病死后,他的生前好友庞统十分悲痛,亲自赶到吴郡去送葬。庞统是湖北襄阳人,生于公元179年,他是三国时刘备的谋士,人称"凤雏先生",建安十九年,也就是公元214年中箭阵亡。庞统博学多才,与诸葛亮齐名,史称"卧龙凤雏"。当时,吴蜀联盟,两家的关系还不错。因此,庞统一到东吴,很多名士就慕名前来拜访。这中间有东吴的大将陆绩、顾劭、全琮等人,很快他们便成了知交。庞统参加完葬礼后,就要回蜀国,大家赶来与庞统话别。他们在一起谈古论今,谈得十分投机。庞统善于识人,酒过三巡后,他便开始评论身边的几位朋友。他说,陆绩好比是一匹脚力很快的马,有超逸的才能;顾劭好比是一头吃苦耐劳的牛,能够负重致远;他又指着全琮说全琮虽然智力差些,也是当代一个人才。事后有人问:"庞统,在先生的心目中,是不是认为陆绩的才能胜过顾劭?"庞统并不直接回答,只是说:"马儿虽好，只能运载一个人；驮着重担的牛，它运载的岂止是一个人的重量。"

陆绩、顾劭等人都得到了孙权的器重，这几个人也曾向孙权推荐庞统，可是孙权不赏识庞统，后来庞统成了刘备的主要谋士，刘备待他仅次于诸葛亮，请他俩共同担任军师中郎将，辅佐自己争雄天下。

今天，这个典故一般指能够担负重任的人。朝鲜战争爆发后，党中央和毛主席决定抗美援朝，保家卫国。在选谁挂帅出征时，毛主席点到了彭德怀，决定让彭德怀执掌帅印。彭德怀果然"负重致远"，指挥志愿军跨过鸭绿江，经过五次战役，终于把以美国为首的侵朝"联合国"军赶过了"三八线"。

三〇、梨园弟子

人们称戏班子为"梨园"，称戏曲演员为"梨园弟子"。

此典出自《新唐书·乐志》："玄宗既知音律，又酷爱法曲，选坐部伎子弟三百教于梨园，声有误者，帝必觉且正字之，号'皇帝梨园弟子'。宫女数百，亦为

鬼谷子

梨园弟子，居宜春倍院。"

唐代的唐玄宗不仅懂得乐理，还亲自演奏乐器。他为了培养更多的音乐人才，亲自从全国挑选了三百名青年子弟，把他们安排在长安城内光化门北的梨园中。闲暇时，他亲自教他们演奏乐曲，如果有人弹错了，他一下就能听出来。他将这三百人叫做"皇帝梨园弟子"，意思是梨园的学生。

后来，他又挑选了几百名宫女，也当作梨园弟子，让她们住在豪华的宜春北院。他最后又从宫女中挑出三十人，组成一个小乐队，专门为他演奏乐曲。

有一年的六月一日那天，杨贵妃在骊山过生日，唐玄宗率领小乐队在长生殿演出。当一支新曲演奏完后，杨贵妃上前说："这支曲子真好听，我从来没有听过，它叫什么曲名？"唐玄宗说："这支曲子是我新谱的，忘了取曲名。"两人想来想去，都没有想出一个恰当的曲名。

恰巧这时，侍从送来南方的荔枝，唐玄宗灵机一动，笑着说："就叫它《荔枝香》吧。"说完，唐玄宗、杨贵妃和一旁的梨园弟子们都开心地笑了起来。

第二章 反应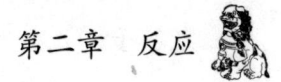

三一、靡靡之音

"靡靡之音"形容不庄重的曲调。

此典出自《史记·殷本纪》:"于是使师涓作新淫乐声,北里之舞,靡靡之乐。"

殷商末年,帝乙的小儿子被立为帝,这就是帝辛,帝辛天资聪颖,反应敏捷;长大后力大无穷,能赤手空拳地同猛兽格斗。由于他后来残暴无道,所以天下的人称他为"纣"。"纣",在当时是残暴无义,专做坏事的意思。纣继承帝位后,自认为天下的人都比不上他,因此,他从不采纳别人的意见,反而经常在大臣们面前炫耀他的才智。纣的生活十分放荡,常常是一边饮酒,一边看美人伴着音乐跳舞。不久,他娶了苏妲己,把她当成心肝宝贝一样,对妲己言听计从。妲己不喜欢听那种庄重肃穆的音乐,不爱看那种变化不大的舞蹈,纣就叫乐工谱出萎靡不振的音乐,让舞师编排出摇来摆去的北方舞蹈("于是使师涓作新淫声,北里之舞,靡靡之音")。他终年与妲己在舞台上嬉戏游玩。为了表示有喝不完的酒,他叫人挖了池子来装酒;为了表示有吃不完

的肉，又叫人把肉遍地挂着，像树林一样。

日久天长，老百姓对纣的无耻行为怨声载道，诸侯也纷纷起来反抗。纣知道后，就对百姓和诸侯使用惨无人道的重刑：炮烙。炮烙是用一根空心铜柱子做成，把人捆起来，抱住铜柱子，然后在里面燃起熊熊大火，把铜柱子烧红。受刑的人痛苦不堪，最终被烤焦而死。纣的倒行逆施行为最后引起老百姓和诸侯的反抗。

三二、霓裳羽衣

"霓裳羽衣"形容精美无比、使人如入仙境的音乐、舞蹈。

此典出自屈原《楚辞·九歌杀君》："青云认兮白霓裳，举长矢兮射天狼。又见唐代白居易《琵琶行》：轻拢慢撚抹复挑，初为霓裳后绿衣。"

唐代开元年间，有一年中秋佳节，月圆如镜，光华皎洁，唐玄宗在皇宫中遥望碧空，尽情地欣赏着那一轮明月。方士罗公远见唐玄宗看得入神，便讨好地问道："陛下是否愿意到月中游览一番？"唐玄宗当然非常乐意，但不知怎样才能到月宫游览一番。罗公远取出身边的拐杖,用力往空中掷去,拐杖到了天上,顿时化成一座巍峨华丽的宫殿,罗公远说:"陛下,这就是月宫。"

月宫前面广阔的庭院里,几百名身穿雪白丝绸衣服的仙女翩翩起舞,舞姿柔美,那一支舞曲尤为动人。唐玄宗是一位深通音律的皇帝,但他也从来没有听到过这么美妙的乐曲。他问罗公远:"这一首曲子叫什么名字?实在太动听了。"罗公远回答说:"这是天上的仙乐,叫霓裳羽衣。"唐玄宗暗暗记下了乐谱。

回到皇宫,唐玄宗立即召来乐师,按他记下的声调作出了《霓裳羽衣》曲。他最宠爱的杨贵妃不仅风华绝代,而且能歌善舞,她依照唐玄宗月中所见,穿上雪白的衣裙,轻舒广袖,跳起了《霓裳羽衣》舞。仙乐、美女、舞蹈使唐玄宗仿佛又回到了月宫,令他陶醉不已,以致终日沉湎其中,几乎忘了治理国事。

三三、濮上之音

"濮上之音"比喻不吉祥的亡国之音。

此典出自《史记·乐书》。

 鬼谷子

卫灵公要到晋国去。途经濮水，在岸边住宿。半夜时，他听到弹琴的声音，就问左右的随从听到没有，侍从们都回答说："没听到。"灵公叫来乐师师涓，吩咐道："我听到了弹琴的声音，随从们却说没听到。这琴声似乎是鬼神弹奏的，你替我听听把它记下来。"师涓说："好吧。"于是师涓就端坐操琴，边听边记。第二天，师涓说："我已经记下这支曲子了，但还不够熟练，请让我晚上再熟悉熟悉它。"灵公说："可以。"随后他们又住了一个晚上。第二天，师涓说："我已经练熟了。"于是，灵公率众启程，到晋国见到晋平公。晋平公在施惠楼台摆下酒宴，招待灵公。酒酣之际，灵公说："这次来，听到了新的乐曲，演奏给您听听。"平公说："好吧。"于是，卫国乐师师涓受命坐在晋国乐师师旷旁边，抚琴演奏起来。一曲未终，师旷按着琴弦制止说："这是亡国的音乐，不要再弹下去。"平公说："您怎么这样说呢？"师旷说："这首曲子是师延（殷纣时乐官）作的，是导致纣王颓废淫荡的音乐。武王伐纣时，师延向东逃跑，自己投到濮水而死。所以，只有在濮水才能听到这支曲子。哪国先听到这种音乐，哪国就要变弱。"

三四、铜琶铁板

"铜琶铁板"形容豪爽激越的文词。

此典出自宋代俞文豹《吹剑续录》:"学士词,须关西大汉执铁板,唱'大江东去'。"

苏东坡在翰林院时,有个幕士擅长讴歌。苏东坡问他:"我的词比柳永的词如何?"幕士回答说:"柳郎中词需要十七八女孩儿执红牙拍板,唱'杨柳岸晓风残月';您的词需要关西大汉执铁板,唱'大江东去'。"意思是:柳永的词,只能拿给十七八岁的女孩儿去演唱,唱唱"杨柳岸晓风残月"这样婉约的作品。而您的词,则须关西大汉手执铁板来唱,唱则唱"大江东去"这样豪放的佳作。

三五、薛谭学

"薛谭学讴"比喻学无止境。浅尝辄止,自我满足,半途而废,是不可能在学业上取得突出成就的。

此典出自《列子·汤问》:"薛谭学讴于秦青,未

鬼谷子

穷青之技，自谓尽之，遂辞归。秦青弗止。饯于郊衢，抚节悲歌，声振林木，响遏行云。薛谭乃谢求反，终身不敢言归。"

薛谭向秦青学唱歌，还没有完全学会，就自认为已全部掌握了，于是就想辞别秦青回家。秦青并不阻止他。在城外的大路上设宴给他送行，席间秦青跟着节拍唱出了悲泣的歌，歌声震动了树林，连空中飘动的云彩也停住不动了。薛谭于是向老师认错，要求回来继续学习，终身不敢再提回家的事情。

秦青回头对他的朋友说："从前曹娥到东方的齐国去，途中断了粮，路过雍门，卖唱谋生。走了之后，歌声的余音还在屋梁上回荡，三天都没有消失，左邻右舍还以为她没有离开。她到了一家客店，客店里的人侮辱了她。曹娥因此拉长声音痛哭一场，男女老幼都伤心愁闷，相嘘流泪，三天吃不下饭。曹娥走了，又赶紧把她找回来。曹娥回来后，再拉长嗓音歌一曲，男女老幼高兴得鼓掌跳舞，忘掉了刚才的悲伤。于是大家拿出丰厚财物送她走。雍门的人所以到现在还擅长于唱歌、痛哭，都是因为仿效了曹娥的遗音。"

第二章 反应

三六、优孟衣冠

"优孟衣冠"比喻登场演戏或一味地模仿他人的言语、动作。

此典出自《史记·滑稽列传》。

春秋时,楚庄王有一位贤明的宰相孙叔敖,他辅佐楚庄王建立了霸业。后来孙叔敖死了,楚庄王也就把他淡忘了。当时有一个著名的演员叫优孟,不但很有智慧,而且是一个很有同情心的人,在孙叔敖死前,他与叔敖很友好。孙叔敖病时,曾告诉他的儿子说:"我死后,你们一定会贫穷。你可以去见优孟,说你是孙叔敖的儿了。"孙叔敖死后,并无遗产,他儿子只能每天打柴为生。有一次他背柴上市去卖,遇到了优孟,诉说了他的境况,优孟对他说:"你现在最好不要到太远的地方去,恐怕楚王将来找不到你。"

优孟回家后,就马上穿上了孙叔敖的衣帽,模仿孙叔敖的语言动作。过了一年多,优孟已完全掌握了孙叔敖的一切形象,使楚王及其周围的人都辨不出来。有一次,楚王大宴群臣,优孟装成孙叔敖去向庄王敬酒,庄

 鬼谷子

王看到他与孙叔敖相像,想用他做宰相,他说:"我的妻子叫我不要做宰相,像孙叔敖那样尽忠又廉洁,让楚国称霸诸侯。如今死了,他儿子却连立足之地都没有,要靠打柴为生。与其学孙叔敖,不如自杀的好。"还唱了一首讥讽的歌,楚庄王被他说动了,把孙叔敖儿子找来,封了四百户的地方给他。

第二章　反应

反应第二

皆以先定①，为之法则。以反求覆②，观其所托③。故用此者，己欲平静，以听其辞，观其事，论万物，别雄雌。虽非其事，见微知类④。

若探人而居其内，量其能，射其意⑤也。符应不失⑥，如螣蛇⑦之所指，若弈之引矢。

【注释】

①先定：先审定明确的言谈起点与目标。

②以反求覆，观其所托：反，指语言信息的发出。覆，指通过的语言反馈回来的对方心理信息。所托，对方真情的依托。

③观其所托：分辨出主张的本意。

④见微知类：从微小的事情上，观察出种种事物的

变化。

⑤射其意：猜度别人的心意。射，猜测。

⑥符应不失：内符与外应相合。

⑦螣蛇：亦作"腾蛇"，传说中一种能兴云雾而飞的蛇，能准确地指示祸福。

【译文】

用反观别人的方式来复验审察自己，在反复探求中去观察对方言辞中隐含着的真情。谈话中要谋求自己的内心平静，才能听取对方的言辞，进而考察他言辞中涉及的诸事，探讨万物，辨别雌雄。即使对方言辞所谈之事是次要的，不是急于要知道的，也可以从细微的征兆中发现其中隐含的真情。

就像刺探敌情潜伏敌境一样，要准确地估量对方的能力，探知推测出对方的意向，像符应一样灵验，像螣蛇所预示祸福一样准确不差，像后羿射箭一样百发百中。

【感悟】

要想探求一个人的内心世界，必须要用机巧灵变的方法，即"欲闻反默、欲张反敛，欲高反下，欲取反与"，以察其真伪，了解其喜怒哀乐。需要注意的是采用这种方法时一定要保持自己的内心平静，以使自己的判断准确，抓住对方的真实意图。

【故事】

一、召陵之盟

齐桓公在北方称霸以来，威望与日俱增。但长江流域的"南蛮"楚国人却不太服气。楚国地处湖北，是天下有名的九头鸟，作为南方超级大国，楚国不断拓疆，成为北方黄河流域的大患。

齐桓公号称东方不败，打算跟楚国人过过招。

公元前656年，齐桓公率领齐、鲁、宋、陈、卫、郑、许、曹八国联军，直接攻击河南省南部的楚国北境。

八国协同出击，史无前例，给楚人造成心理的威慑力极大，楚人不敢出兵迎击。齐桓公为保存实力亦不敢冒然做深度进攻，只好集结在楚境上休整观望。双方这么干瞪着眼，谁也不敢先动手。

楚方派出的谈判大员"屈完"，来在边境上谈判，商议解决争端。

鬼谷子

屈完先生是个南方快嘴子，春秋第二舌辩之士，属于湖北的九头鸟和滚刀肉，极不好对付。他在谈判中出尽风头，创造了一大堆知名成语，诸如风马牛不相及也、不虞汝之涉吾地也。

屈完说："咱们楚齐两国一个在荒南，一个在远东，好比一个是马，一个是牛。牛不会找马做爱，马也不会跟牛交配，风马牛不相及也。所以啊，你我没关系。可是您老不远万里来打我们，真就奇怪了。不是我不明白，这世界变化快。"把个齐桓公给质问得哑口无言。

齐桓公回答不上来，管仲就出来找辙，解释自己讨伐楚国名正言顺："从前，我们祖上的姜太公得到周天子批准，可以征伐天下任何诸侯，维护周室尊严，东到大海，西到黄河，南到你们的穆陵关，都是我们祖上管的地面。我们怎么就不可以到你这里来打！"

屈完回答说："您说的道理兮很对。但是，鄙国犯什么错误兮？请您明示。"

齐桓公心想，这个还用问吗？楚国区区一个子爵，居然冒称楚王，跟周天子平起平坐，这还不是有罪！但管仲拦住了他。管仲想，一旦提出这个责问，楚国偏死活不肯去掉王号，不听我们的，我们岂不很失面子。于

第二章 反应

是管仲找了不疼不痒的小事由,便于对方改正的:"你们楚国特产苞茅,要上贡给朝廷,可是你们一连三年不上贡,周王室都喝不上好酒了。拒不上贡,是严重的政治问题啊。"

上贡苞茅不是件难事,不过就是割些草送去嘛,比去掉王爵的番号容易的多,屈完看见对方是给自己台阶下,赶紧借坡下驴,承认道:"如果您就为了这点小事兮,那我们上贡苞茅不就完了,何苦千里迢迢跑来打架?"

管仲听出对方指摘自己小题大做,口气还很硬,就搬出陈芝麻烂谷子的旧账责问楚国:"还有一桩事,周昭王从前南征楚国,死在这里了,我们特来讨个说法。"

周昭王是西周早期的一任天子,曾经出兵征讨长江流域,整理南蛮,平叛了 26 个小国,胜利班师回来,却在汉水上淹死了,全军覆没。

屈完说:"周昭王老辈子的那点事兮我知道,那是交通事故兮谁管得了。"

其实不是交通事故。当时,可恶的楚国人为了抗拒周天子,就拿树胶粘合了船板,拼凑成船,送给周昭王坐。这些流向冥界的船只,到了中流就遭水泡解体了,周天子落地凤凰不如鸡,给淹死了,六军全部覆没。但

鬼谷子

是，这官司到今天，是谁也说不清的了。

齐桓公听了半天，见两人越扯越远，恼了，吹胡子瞪眼说："真恼人啊！少狡辩！寡人的大军在此，谁敢抗衡，寡人想灭谁，谁能跑得了！"

屈完说："您老人家倘若以德服人兮，谁敢不服？您要动武兮，嘿嘿——我们方城为城，汉水为沟，兵多将广，正好和您老人家兮，大干一场！"

这个柔中带刚不卑不亢的家伙把对方噎得一愣一愣的，脑袋"兮兮"直冒冷气。说实话，齐国还真不敢打个鱼死网破。回顾齐桓公进行过的二十几次战争，都是胡萝卜加大棒吓唬吓唬，齐国当时的国力尚不足以真打狠打。于是订立盟约，齐楚讲和："我不打你，你也不打我。你该给周天子上贡苞茅还得上贡，我认你是哥们还是哥们。"一场来势汹汹的暴风骤雨，被屈完的外交辞令化解，顷刻化为万里晴空。

二、伙夫智救武臣

武臣（？—前208年），秦朝末年陈地（今河南淮阳）人。秦末陈胜反秦起义军中将领，后来自封赵王。

第二章 反应

秦朝末年，陈胜、吴广率先发动反秦起义，起义军迅速发展壮大。起义不久，陈胜建立"张楚"政权，自立为王。

陈胜建立"张楚"政权后，派出多路军队攻击各地的秦军。起义军中的将领陈馀建议陈胜派遣一支部队进军河北，平定河北地区。陈胜采纳了陈馀的意见，委任武臣为将军，邵骚为护军，张耳和陈馀为左右校尉，拨给他们三千军队，命他们向北去攻取河北原属赵国的地区。

武臣率军到达河北后，游说河北地区的豪杰人物，劝他们抓住机遇参加反秦战争，争取占地封侯。当地的豪杰人物都认为武臣的话很对，于是纷纷投奔武臣为其效力，武臣军队的人数一下子增加到好几万，实力大增。武臣自号武信君，一口气占领了赵地十座城池，在河北地区站稳了脚跟。

武臣的军队继续攻打赵地，赵地的很多城池坚守不降，武臣的军队一时难以攻克这些城池，于是转向东北方向去攻打范阳县。

范阳县人蒯通游说范阳县令，劝他投降武臣，范阳县令接受了蒯通的建议。蒯通又去游说武臣，劝他接受

鬼谷子

范阳县令投降并优待范阳县令,以此诱导赵地其他地区投降。武臣接受了蒯通的建议,按照蒯通的策略施行,赵地先后有三十多个县向武臣投降,武臣占领了赵地的广大地区。

此时,陈胜属下大将周文率领的军队在在戏水附近被秦将章邯率领的秦军击败,陈胜起义军的实力遭受重大损失。陈胜听信一些小人的谗言,诛杀了很多率军攻城略地立下汗马功劳的大将,使起义军内部人心离散。跟随武臣平定赵地的张耳和陈馀鼓动武臣脱离陈胜的统辖,武臣采纳了他们的意见,自立为赵王。武臣称王后,任用陈馀为大将军,张耳为右丞相,邵骚为左丞相,派人通报陈胜。陈胜得到消息,非常震怒,要想把武臣等人的家属统统杀掉,然后发兵攻赵。陈胜的相国房君劝谏陈胜说:"我们的强敌暴秦还没有灭亡,又去诛杀武臣他们一班人的家属,这不是等于又树立一个如强秦一样的敌人么?既已成了事实,不如大方些,派人道贺。顺便告诉他们,叫他们赶快率领军队向西进攻,攻打秦国。"陈胜采纳了房君的意见,把武臣等人的家属接到京城,以便监视,又封张耳的儿子张敖为成都君。随后,陈胜派遣使臣到赵地去向武臣等人

第二章 反应

庆贺,并且敦促他们赶快发兵西进入关。张耳和陈馀对武臣说:"您在赵地自立为王,本来不是陈王的意思,这次陈王派使臣来庆贺,那不过是将计就计罢了。如果"张楚"把秦朝灭掉,下一个目标就是赵国,您千万不要上他的当。现在为我们自己作最好的打算,不如北面攻取燕国,南面收拾河内地区,扩充地盘;赵国若能南据大河,北面拥有燕国,即使"张楚"能把秦朝灭掉,也不敢对我们怎么样了。"武臣认为张耳和陈馀的计策很好,于是拒绝接受陈胜发兵西进的命令,转而派遣韩广等将领率领军队分头攻打燕国、常山、上党等地区。

韩广率领军队到达燕地,受到燕地人拥戴。韩广脱离武臣统辖,自立为燕王。赵王武臣得知韩广自立为王的消息,与张耳、陈馀率领军队驻扎在燕国的边境,准备攻打燕国。一次,武臣脱离赵军主力在边境上随便走走,却遇上了燕国的军队,被燕军俘虏。燕国军队的主将把武臣扣留为人质,向赵国开除条件,要求赵国割让一半土地给燕国,才放武臣回去。张耳、陈馀等赵国大臣先后派遣多批使臣前往燕国交涉,希望要回武臣。燕国将领杀死赵国的使臣,坚持让赵国割地的要求。张耳

和陈馀面对燕国将领的强硬态度，一时也拿不出好的办法。此时，赵军中有一名伙夫跟他同宿舍的伙伴说："我去和燕国人谈判好了，我有办法让赵王和我一起回来。"同宿舍的伙伴都取笑他说："我们派去的十几个使臣都被他们杀掉了，你有什么本事能和赵王和你一起回来呢？"这个伙夫独自前往燕军大营，求见燕军主将，对燕军主将说："你知道我是来干什么的？"燕军主将说："还不是想来要回赵王。"伙夫说："你知道张耳、陈馀是什么样的人吗？"燕军主将说："他们是贤人。"伙夫说："你知道他们要想怎么样？"燕军主将说："想要回他们的赵王罢了。"伙夫笑了起来，说："你还不知道他们想要干什么呢？武臣、张耳和陈馀几个人驱策军队，不动刀兵就能占领赵地几十个城池，他们都有野心南面称王，难道只是甘心做别人的卿相啊？臣与君的地位怎么能比呢？现在大势刚定，所以不敢三分各立为王。以年纪的大小为序，先立武臣，安定赵地的民心。现在赵地已经安定下来了，张耳和陈馀二人也想分割赵地自立为王，只是还没有机会。现在你把赵王武臣囚禁起来，张耳和陈馀外表上装着要索回赵王，其实是想让燕国把他杀掉，那么他们就可以分割赵地而自立为王

第二章 反应

了。以原来赵国的实力，攻打燕国那是轻而易举的事，何况张耳和陈馀两个贤王联合起来，以惩罚燕国杀害赵王的罪过为名，燕国就会很快被消灭掉了。"燕军主将觉得这个伙夫的话很有道理，就把赵王武臣释放了。这个伙夫亲自驾车，与赵王武臣一道回了赵军大营。

三、苏代游说相应侯

秦昭王四十八年（公元前259年）十月，秦国重新平定了上党郡。接着，秦军兵分二路：一路由王龁率领，攻陷皮牢；另一路由司马梗率领，平定太原。韩国、赵国非常恐慌，派遣苏代携厚礼去游说秦相应侯说："武安君俘虏了马服子赵括，是吗？"应侯说："是的。"苏代说："赵国灭亡了，那么秦王就要称帝了，武安君也将位列三公。武安君为秦国战无不胜，攻取七十多座城池，南面平定了鄀、毁及汉中，北面俘虏赵括四十万大军，即使是周公、召公、吕望的功绩也不过如此啊。如今，赵国一旦灭亡，秦王就将称帝，那么武安君必定位列三公，你甘愿处在他的下位吗？即使你不息处在他的下位，却也办不到。秦国曾经攻打韩国，包围刑

鬼谷子

丘，围困上党，上党的百姓都纷纷逃往赵国，天下人不愿做秦国的臣民已经很久了。如今灭掉赵国，它北部的百姓将归附燕国，东部的百姓将归附齐国，南部的百姓将归附韩国和魏国，那么，你所能得到的百姓就没有几个人了。因此，不如借此机会命令韩、赵二国割地求和，不要再让武安君建立功勋。"于是，应侯对秦王说："秦兵疲劳不堪，不如让韩、赵二国割地求和。以便让士卒休整一下。"秦王听从了他的意见。韩国割让垣雍，赵国割让六城，双方讲和。正月间，双方罢兵休战，武安君听到这件事，从此与应侯不合。

九月，秦国又发兵，派五大夫王陵攻打赵国邯郸。这时武安君生病，不能出征。四十九年（公元前258年）正月，王陵开始攻打邯郸，收效不大，秦发兵增援王陵。王陵损失了五个营的人马。这时，武安君的病好了，秦王想派武安君代替王陵攻打邯郸。武安君对秦王说："邯郸确实不容易攻打。况且诸侯要援救一天即可抵达，而那些诸侯怨恨秦国已经很久了。如今，秦国虽然攻破赵国在长平的军队，但秦国的士卒也因此而伤亡过半，国内空虚。跋山涉水，不远万里去攻打别国的都城，如果赵国在城内作内应，诸侯攻打秦军的外围，秦

第二章 反应

军就一定会被攻破。千万不能这样做啊。"秦王亲自命令武安君去代替王陵指挥军队攻打邯郸,武安君不听从。于是秦王派应侯去劝说武安君,可是武安君还是不肯听从,就称病在家休养。

秦王派王龁代替王陵率军攻打邯郸,八九月间秦军包围了邯郸,但还是攻不下来。楚国派春申君和魏国公子一起领兵十万进攻秦军,秦军死的死,逃的逃,损失了很多,武安君说:"秦王不肯听从我的劝告,今天又怎么样呢?!"秦王听说了,非常生气,强令武安君出征,武安君又详称病势严重,应侯前去劝说,仍不肯出征。于是,秦王免去武安君的爵位,贬为普通士伍,把他流放到阴密。武安君生病,不能动身。过了三个月,诸侯军队进攻秦军更加猛烈,秦军多次退却,使者回国报告战况,请求增援。秦王就派人去把白起赶走,不准他居留在咸阳城。武安君只得离开咸阳城,到离城西门十里的杜邮。秦王与应侯及群臣商议说:"白起被贬遭流放,闷闷不乐,内心不服有怨言。"秦王就派使者赐给白起一把剑,让他自杀。武安君在引剑自刎前说:"我对上天犯了什么罪,以至落得个这样的下场?!"过了很久,又说道:"我本来就该死。长平之战,赵国投

降的士兵有几十万人,我用欺骗的手段将他们全部活埋,真是死有余辜。"说完就自杀了。武安君死于秦昭王五十年(公元前257年)十一月。武安君的死,并不是因为他有罪过,于是,秦国百姓觉得可怜,城乡都要祭祀他。

四、烛邹的三大罪状

春秋战国时,齐国的国君齐景公非常喜欢喂养捕捉野兔的老鹰。有一次,有人送给齐景公几只漂亮而又凶猛的老鹰,齐景公十分高兴,就命令手下的大臣烛邹,专门负责喂养、管理。

喂养老鹰是一件十分麻烦的事,除了每一餐都要给老鹰吃肉外,还得经常训练它扑击野兔的能力。

一天,烛邹在给老鹰喂肉时,一不小心逃走了一只老鹰。烛邹吓坏了,连忙带人追赶,可是追到一座树林边,老鹰三飞两扑就不见踪影了。

齐景公知道了这件事,大发雷霆,命令手下的人把烛邹绑了,准备把他处死。

这叶,宴子正在齐国做宰相,他看到烛邹危在旦

第二章 反应

夕，就走到齐景公身边，说："大王，烛邹有三大罪状，这样杀了，太便宜他啦！"

齐景公正在恼火，觉得晏子的话很有道理，于是问："照你的意思该怎么办？"

晏子说："我们不能无故杀人，让我来替大王公布他三大罪状，然后杀死他。这样，天下的人就会更加信服大王了。"

"对，你公布吧！"齐景公同意了。

晏子甩了甩长袖子，从容不迫地走到烛邹面前，指着烛邹的鼻子，严肃地说："烛邹，你为大王养鸟，却不负责任，让鸟逃走，这是你的第一条大罪状。"

烛邹听了，低下了头，齐景公呢，点了点头。

晏子继续说道："烛邹，你的第二条大罪状更不能饶恕，我们大王本来不要杀人，但为了一只鸟的缘故，却使得他要杀人了。"

烛邹听了，脸上露出了迷惑的神色，齐景公渐渐低下了头。

晏子仿佛什么也没看到，他又高声说下去："大王把你杀了，就会使天下人都感到，大王把鸟看得比人还重要，这是你的第三条不可饶恕的大罪！"说到这里，

 鬼谷子

晏子回头对齐景公说:"好啦,大王,他的罪我已公布完了,请下令杀吧!"

这时,齐景公满脸通红,站起来挥挥手说:"不用杀了,我听懂你的意思了。"随即命令手下的人把烛邹放了。

五、五张羊皮换人才

春秋时期,秦国的国君秦穆公为了振兴自己的国家,到处收罗人才。他听说被晋国灭掉的虞国原来有一位名叫百里奚的大臣,十分有才华,就千方百计打听他的下落。

后来,有人告诉秦穆公,百里奚先被抓到了晋国,可他不愿在灭了自己祖国的晋国做官,逃到了楚国,以看牛度日,后来楚国国君楚成王命他去放马。

于是,秦穆公打算派使臣带礼物给楚成王,以便让楚成王送百里奚到秦国。大臣公孙枝得知后,连忙劝他说:"这可千万使不得。楚国人之所以让他去放马,是因为不了解他的底细,不知道他有过人的才能。要是国君您这么大张旗鼓地去请他,分明就是告诉楚国百里奚

是个人才。那样，楚国就会重用他，他还能到咱们秦国来吗？"秦穆公说："依你说怎么办才稳妥呢？"公孙枝说："我看还不如以百里奚是秦国的逃犯为由，和楚国人进行交涉。"

秦穆公听了公孙枝的建议，觉得挺有道理，就依照当时一般奴隶的身价，派使者带了五张羊皮，去见楚成王。

使臣到了楚国，对楚成王说："我们国家有个奴隶叫百里奚，他触犯了刑律，现在躲在贵国，请让我们把他赎回去，好治他的罪，以警告别的奴隶别学他的样子。"

楚成王听了，信以为真，就命令人把百里奚逮了起来，装进囚车，交给了秦国的使臣。

秦国的使臣把百里奚带回秦国后，秦穆公拜他为宰相，他为帮助秦穆公建立霸业，立下了汗马功劳。

六、宽猛相济

"宽猛相济"指施政时宽大与严厉要相辅而行。

此典出自《左传·昭公二十年》："政宽则民慢，

慢则纠之以猛；猛则民残，残则施之以宽。宽以济猛，猛以济宽，政是以和。"

春秋时，郑国的政治家子产执政后，实行改革，整顿贵族田地和农户编制，并把刑书（法律条文）铸在鼎上公布。因而不久就使国力增强，威信提高。

公元前522年，子产病危。临死前，他对大臣子太叔说："我死以后，由您执政。只有有德的人才能用宽大来使百姓服从，其次就是严厉了。火猛烈，百姓看着就害怕，所以很少有人死于火；水懦弱，百姓轻慢而玩弄它，所以死于水的就很多。因而宽大不容易做到啊！"

子产死后，子太叔执政。他不忍心严厉，而实行宽大，结果郑国出现了很多盗贼，并且聚集起来伺机闹事。子太叔后悔地说："我早听子产老人家的话，就不至于到这一步了。"于是发兵攻打盗贼并全部杀掉。这一来，其他盗贼也就收敛了。

孔子听说这件事后，非常赞赏子太叔的做法。他说："好啊！政事宽大百姓就怠慢，怠慢了就用严厉来纠正。严厉了百姓就伤残，伤残了就实施宽大。用宽大调剂严厉，用严厉调剂宽大，这样政事就调和了。"

七、晋国苦奢

这则典故说明一个道理:"上之所好,下必甚焉"。居于领导地位的人,一言一行都会对群众产生影响,关系到世运人心,必须谨言慎行。

此典出自《尹文子·卷上》:"昔晋国苦奢,文公以俭矫之,乃衣不重帛,食不兼肉。

无几时,人绵大布之衣,脱粟之饭。"

这段话意思是说:从前,晋国流行讲排场、摆阔气的风气,晋文公便决定以身作则,用俭朴节约的作风去纠正它,他不穿华丽高贵的丝织品,不吃美味佳肴。

果然没过多久,人们都穿起了粗布衣服,吃起糙米饭来。

八、草菅人命

"草菅人命"意思是把人命视作野草一样。人们用它形容反动统治者滥施淫威,随意残害人命。

此典出自《汉书·贾谊传》:"故胡亥今日即位而

明日射人,忠谏者谓之诽谤,深计者谓之妖言,其视杀人若艾草菅然。"

西汉初年,著名的政治家和文学家贾谊深受汉文帝的信任,担任梁怀王(文帝的小儿子)太傅。在这期间,贾谊上书汉文帝,写了著名的《陈政事疏》,提出自己的政治主张,希望汉文帝采纳。在这篇文章中,贾谊除了纵论天下形势,提出许多重大的治国策略外,还详细地分析了教育太子的重要性。

贾谊写道:"夏、殷、周三代之所以能够长治久安,就是因为对太子的教育采用了正确的指导思想和具体方法。而秦朝却不是这样,在社会风俗方面不讲究辞谢谦让,而一味地崇尚背后告密、当面攻击,人与人之间互相争斗,像乌眼鸡一样;社会上普遍地不重视礼义仁德,一味地崇尚刑事处罚。秦始皇任命宦官赵高做胡亥(秦二世)的师傅,赵高教他斩杀刑罚,胡亥所学到的本事,不是砍人家的头、割人家的鼻子,就是剿灭人家的三族。因此,胡亥头一天登基即位掌大权,第二天就随便射杀无辜。忠心耿耿地向他进谏的人,被定为诽谤当今;深谋远虑地替他出主意的人,被说成妖言惑众。胡亥把人命看做野草一般不值钱,在他看来,杀人就如同割掉野草一样，可以随意为之。难道说，胡亥生来就本性凶恶吗？不是的。原因就在于，赵高所教导的那一套是违背情理的。"

九、大逆不道

"大逆不道"原意是指封建时代犯上作乱等重大罪行，或指违反封建道德。后来人们用它指罪恶重大。

此典出自《史记·高祖本纪》："夫为人臣而弑其主，杀已降，为政不平，主约不信，天下所不容，大逆无道，罪十也。"

秦朝灭亡以后，汉王刘邦和楚霸王项羽争夺天下。一次，汉军和楚军在广武对阵，双方相持不下。项羽要求同刘邦单独决斗，刘邦不愿意。他运用计谋，历数项羽十大罪状。他对项羽说，你有十大罪状。第一，你我同楚怀王约定，先攻下关中者为王。现在我先攻下关中，你却违背前约，自己称王；第二，你假借王命杀死卿子冠军宋义，篡夺军权；第三，你违抗楚怀王命令，擅自率兵入关；第四，你烧毁秦宫室，盗掘秦始皇墓，掠夺财物；第五，你杀死了已经投降的秦王子婴；第

鬼谷子

六,你活埋二十万秦国百姓;第七,你胡乱封王封地,煽动叛乱;第八,你把义帝楚怀王赶出彭城,自己称王称霸,又夺取韩地,并吞梁楚;第九,你派人到江南杀死了义帝楚怀王。

当讲到第十条罪状时,刘邦加重了语气大声说:"你身为臣子却杀死君主,滥杀已经投降的秦王子婴等人,掌权施政非常不公平,主持订盟约却不信守自己的诺言,你的种种恶劣行径都是为天下所不容,实属犯上作乱,毫无道德可言。这就是你的第十条罪状。"

项羽听后勃然大怒,命令弓箭手放箭,一箭射中刘邦前胸。刘邦为了安定士卒之心,弯腰摸着脚说:"这家伙射伤了我的脚趾!"从那以后,汉军退回成皋城中防守。

一〇、东窗事发

"东窗事发"比喻一些罪恶行为被人揭发或一些秘密事情被泄露了。

此典出自《西湖游览志余》:"秦桧之欲杀岳飞也,于东窗下与妻王氏谋之……桧曰:'可烦传语夫人,东

第二章 反应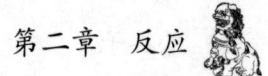

窗事发矣!'"

宋朝有一个大奸臣，名叫秦桧，他私通金国，奉金主之命，要陷害岳飞。秦桧陷害岳飞的奸谋，都是在他家东面窗子下，与他的妻子王氏共同谋划出来的。

过了一段时间，秦桧死了，没过多久，他的儿子秦僖也死了。秦桧的妻子王氏设醮擅超度冤魂，并请了一些有方术之士，看看秦桧父子在地府情况。过了一会儿，一个名叫伏章的方士看见秦僖上了铁枷关在地府的牢狱里，便问他："太师在哪里？"秦僖说："在丰都。"于是伏章依照秦僖的话，到丰都去找。果然看见秦桧和万侯莴（秦桧的同学）都被套着铁枷，在做苦工，受尽折磨。秦桧对伏章说："烦劳你对我夫人说一声，我和她在东窗下商量的那件事，现在被揭发了。"

一一、英布谋反

汉王刘邦与马楚军在彭城展开激战、战事不顺利，就从梁地逃出，到了虞城县，对左右随从的人说："象你们这些人，都是不值得商讨大事情的人。"有拜见汉王的人随何进来说："不明白陛下所说的是什么意思。"

鬼谷子

汉王刘邦说:"谁能为我出使淮南,使他们把士兵们拉出来起事背叛楚国,让项王在齐国滞留几个月,那我夺取天下就可以万无一失了。"随何说:"臣于我请求出使淮南。"于是就拨给他二十个人一块出使淮南。到了淮南,淮南太宰和他们周旋,三天都没能见到淮南王。随何因而劝大宰说:"淮南王之所以不接见我随何,必定是由于认为楚国势力强大,而我们汉王的势力弱小,这正是我为什么出使淮南的缘故。让我随何能够见到淮南王,把其中的道理说出来,说得有道理,那正好是大王所想听到的东西;说出来如果不是那么回事,就让我随何等二十个人在淮南的集市上趴在砧子上死在斧头之下,以表明你们背弃汉王而归顺楚国的心意。"太宰把这番话给淮南王说了,淮南王见了随何。随何说:"汉王派我这个使臣恭敬地进奉一封书给大王驾前,私下里很奇怪大王你为什么跟楚国那么亲密呢?"淮南壬说:"我面向北对楚国以臣子身份来做事。"、随何说:"大王您与项工都是一样并列的诸侯王,而北向称臣,必然以为楚国势力强大,可以把您的国家托付给它。项工讨伐齐国,身上背着墙板,手里拿着铁杵,身先士卒去冲锋陷阵。大王您应该把淮南的兵力全都征发出去,而且

第二章 反应

亲自为将,去充当楚军的先锋部队,而现在只发出四千人的军队去帮助楚国,这是面对北方对人执臣子之礼的人,本来就应该是这样的吗?当汉王在彭城打仗,项王也没到齐国时,大王您应该纠集淮南的全部兵力,日日夜夜在彭城之下投入战斗、而今却手握一万多人的重兵,都没让一个人渡过淮河,暗地里垂手去观看谁能打胜。这是把国家托靠于别人的人,本来就应该是这样的吗?大王您只是以空头名义向楚国称臣,而想壮大自己,独立一方。我私下里认为大王这种做法不可取。然而大王您不背叛楚国、,认为汉王势力弱小。那楚国兵力虽然强大,却在天下人面前背上了不义的名声,就因为他们背弃了大家都知道的约定而且把义帝也给杀了。然而西楚霸王只是以打胜仗而自恃强大。汉王刘邦收拢各路诸侯;返回把守成皋、荥阳,到蜀地、汉地去取粮食,把防护沟挖得很深,壁垒很坚固,分兵把守着边界防守着。楚国军队从齐地回兵时,只能借道梁地,这已经是深入敌国腹地八九百里了,想要打找不到敌人,攻击城邑又无力去攻克,一些老的弱的兵卒从千里之外运送粮食,楚军士兵到荥阳、成皋时,汉军只会坚固防守而不出动,他们前进无法攻

击,后退不能解脱,所以楚军士兵就容易疲惫了、假如让楚军士兵打败汉军,那各路诸侯就会感到自身很危险而跑来援救。那楚国的强大,正好招来天下的军队和他作对。所以,楚军不如汉军有利。这种形势是显而易见的,现今大王你不与有万无一失的汉军联手。而把自己托靠在危在旦夕的楚国。我私下里为大王您感到迷惑不解。我并不认为淮南的军队就足够去消灭楚国。大王您如果发动军队背弃楚国,那项工必然会滞留下来,滞留几个月,汉主夺取天下就可以万无一失。我恳求和大王您举起您的利剑而归顺汉王,汉王一定会划出土地而分封大王,一而况且淮南之地,必定会归大王您所有。所以汉王恭敬地派使臣我进奉这愚钝的计策,希望大王您审慎考虑。"淮南王说:"我请求接受汉王的吩咐。"暗地里准许背叛楚国而归顺汉王,没有敢泄露出去。

楚国使者在淮南,正在急催着淮南王英布征发军队,随何直接进来说。"九江王已经归顺汉王,楚国怎么能够在这儿征发军队。"英布惊呆了、楚国使者站立起来,随何因而劝英布说:一事情已定局了,只能杀掉楚国使者,不要让他回去,而赶快逃走与汉军兵力合在

第二章 反应

一起。"英布说:"按使臣你的意思办。"甲而发动军队进攻楚国。楚国派项声、龙且进攻淮南,项工留下来进攻下邑。几个月后,龙且攻打淮南。打败了英布的军队。英布带领军队往汉军那里跑,害怕项王攻击他们,所以从小路走和随何一同回到了汉军营地。

到的时候,汉王正在床上洗涮。并且召唤英布进去见面。英布非常愤怒,后悔来到这里,想要自杀。出来后到了自己住的地方,看见吃的东西、喝的东西是御膳,服侍的人和汉王一样多,英布又感到非常高兴。于是就派人去了九江。楚国已派项伯接收了九江的军队,把英布的妻子儿女全都杀了。英布的使臣是很得故地人的喜欢的英布宠信的臣子,他带领了数千人归顺了汉王。汉王又增加了英布的兵力,和他一块向北进发,接收士兵后到了成皋。汉高祖四年(公元前203年)的秋天,七月,封英布为淮南王,共同进攻项羽。英布派人到了九江,占领了几个县。汉高祖五年(公元前202年),英布与刘贾进人九江,劝说引诱大司马周殷,周殷背叛了楚国。于是就发动全部九江军队与汉军一起共同向楚国发动攻击,在垓下彻底击溃了楚军。

鬼谷子

一二、项羽帐中杀宋义

宋义在路上碰到的宋地使者高陵君显见到楚怀王说:"宋义论定武信君一定要被打败,几天以后果然就被打败了。军队尚未交战就能预先看出失败的征兆,可以说是懂得用兵之道了。"楚怀王召来宋义和他商议事情,并因此而很欣赏他,就拜他做了上将军;项羽被封为鲁公,拜为次将,范曾当了末将。其余一些将领都归宋义节制,号称为"卿子冠军"。向北营救赵国,到了安阳地界,便停留住不再前进。

秦三年(公元前207年),项羽对宋义说:"现在秦朝军队围困矩鹿,应赶快带领军队渡过河去,楚国军队从外边攻打,赵国军队在里边响应,必定能击溃秦朝军队。"宋义说:"不对。用手拍打牛背,可以杀死牛身上的牛蛙,但却杀不死牛身上的虱子。现在秦朝攻打赵国,如果攻下了赵国,那么士兵们肯定很疲惫,我们可以利用他们这个弊端战胜他们。如果他们攻不下赵国。那我们带领军队大张声势向西进攻,必定会一举全歼秦朝军队。所以不如先让秦朝和赵国相互斗打。带领部队

第二章 反应

偷兵摸营,我不如你;但在指挥大战役方面,你不如我。"因此对下属部队下达命令说:"勇猛要象老虎,残忍要象山羊,贪婪要象狼,凡强横不听从命令的人,一律杀头。"宋义派他的儿子宋襄到齐国作使臣,并亲自把宋襄送到无盐县,还备置酒筵,大会宾客。这时天气很冷,又下了大雨,士兵们饥寒交迫。项羽说:"我们来是为了和赵国军队合力攻打秦朝军队,现在却长期停留在这里不前进。今年收成不好,老百姓都很贫困,士兵们只能吃个半饱,军中已经没有了存粮,可仍然大摆筵席、大会宾客,不带领军队渡河到赵国那边去寻找食物,并与赵国军队合力进攻秦朝军队,说是什么要'利用秦朝军队的缺陷'。以秦朝军队的强大,进攻新建立起来的赵国,其形势必然是一举攻克赵国。赵国灭亡了,秦朝更加强大了,哪里来的缺陷去利用。并且我们楚国的主力新近被打败,国王坐卧不安,把境内所有的军队都交到将军你手里,国家的安危,就在这一次举动上。今天你不体恤士兵而去徇私情,你不是国家的忠诚良将。"

项羽清晨去朝拜上将军宋义,即在宋义的大帐中把宋义的头砍了下来。并向军中发布命令说:"宋义与齐

鬼谷子

地勾结阴谋反叛楚国，楚国国王秘密命令我项羽杀掉他。"所有的将领们都被震慑了，没不一个敢说个不字的，都说："首先建立恢复大楚国的，是将军您家。今天将军您杀掉作乱的贼子。"于是便共同拥立项羽为代理上将军。并派人去追赶来义的儿子，在齐地追上了他，把他杀掉了。让桓楚将这里的情况向楚王作了报告。楚王在使者的请求下封项羽为上将军。

一三、外黄小儿说服项羽

外黄小儿，是秦朝末年外黄且（今河南省杞县南）的一个13岁的少年，由于他机智勇敢地说服了项羽，从项羽的屠刀下救出了全城的百姓，一直被世人传颂，可惜的是，他没有留下姓名，后人只称他是外黄小儿。

秦朝末年，汉王刘邦和楚霸王项羽互相争夺天下。

一天，汉王刘邦派大将彭越等人袭击了楚军的运粮队。并乘机接连攻下了外黄等17座城池，还住进了外黄城，给楚军造成了极大的威胁。

项羽听了大怒，立即吩咐一位楚军大将守住成皋，自己领兵去攻打彭越。项羽带兵攻打了好些日子，才把

第二章 反应

外黄城攻下来。城攻破了,彭越逃走了,可城里的老百姓却面临着一场灾难。

原来项羽对外黄城里的老百姓帮助彭越守城十分恼怒,进城后下了一道命令,要把全城15岁以上的壮丁全都抓起来活埋,以发泄自己的愤怒。

消息传开后,外黄的百姓非常惊恐,城内一片哭声,谁都想不出解救亲人的办法。就在这时,一个13岁的少年,挺身而出,走进楚军军营,要求拜见楚霸王。

项羽听说有个少年要见他,觉得很奇怪,就吩咐卫兵领他进来。项羽见他眉清目秀,举止大方,便很喜爱地摸了摸少年的脸,柔和地问道:"你小小年纪,来见我有什么事情吗?"

那少年对项羽说:"外黄城的百姓,受了彭越的欺压,敢怒而不敢言,天天盼望着大王来救他们的性命,他们的心都向着你啊。哪儿知道,大王进城没有几天,城里纷纷传说,大王要把15岁以上的壮丁全都活埋。我以为大王是个非常仁慈宽厚的人,不会做出这样的事。而且,如果活埋了全城的壮丁,对大王你只会有坏名声,不会带来好处。所以请大王撤回这道命令,以安

鬼谷子

定民心。"项羽一听，不由得发起火来，说："彭越压迫外黄老百姓，那完全是真的。可我领兵攻打外黄，老百姓为什么还帮助彭越打我？我就不信杀了城内的壮丁，会有什么坏处！"

少年又机智沉着地说："大王，外黄城的老百姓要是真的帮助彭越守城，那么你至少还要过一段时间才能进城。哪能彭越一走，就立即进城呢？可见，老百姓并不是要和大王作对。但大王要是活埋全城的壮丁，老百姓还有什么好讲的，只好等死了。不过，外黄城以外，还有许多城池，那里的老百姓听说大王活埋投降的百姓，都会引起惊恐，今后谁还敢开城门迎接你。即使你本领再大，攻占这些地方，也要花费很大的力气和代价。这难道不是对你没有好处，只有坏处吗？"

这些话真的讲到了项羽的心里，他担心外黄城以外的老百姓要是都把他当敌人，和刘邦一起来反对他，那样，他也就很难取胜了。

想到这里，项羽打消了活埋百姓的念头，笑着说："好孩子，你放心吧。我就算有一肚子的气，见了你这样伶俐的孩子，气也没了。我这就派你去传达我的命令：楚军赦免老百姓，不再伤害他们。"

外黄城的老百姓听了这个消息,奔走相告,都非常感激这个机智的少年。赞扬他不顾个人安危,勇敢地替老百姓讲话,说通了项羽,救了全城的百姓。

一四、项庄舞剑,意在沛公

秦朝末年,项羽和刘邦进行争夺天下的斗争。项羽怒火冲天地打破函谷关,驻军鸿门,并打算第二天击败刘邦的军队。项羽的叔父项伯却替刘邦说了许多好话,使项羽改变了攻打刘邦的主意。第二天,刘邦只带领一百骑兵,同张良、樊哙等几员将领来到鸿门,拜见项羽。项羽设宴招待刘邦。参加宴会的,还有项羽的谋士范增,他被称为亚父。范增想叫项羽杀掉刘邦,宴会的气氛非常紧张。

项羽、项伯朝东坐着,范增朝南坐着,刘邦向北坐着,张良向西侍立。范增屡次用目光暗示项羽,三次举起身上佩带的玉珏暗示项羽杀掉刘邦,项羽默默地坐着,不肯答应。范增站起来,出去召来武将项庄,对他说:"君王为人太慈善,不忍心杀掉刘邦。你进去给君王祝寿,祝寿完毕,就请求舞剑助兴,趁这个机会袭击

鬼谷子

刘邦,杀掉他。否则,你们以后都要成为刘邦的阶下囚。"项庄立即进入军帐,为项羽祝寿。祝寿完毕,他对项羽说:"君王与沛公一起喝酒,军中没有歌舞为乐,我来舞剑助兴吧!"项羽说:"好吧。"于是项庄拔剑起舞,项伯也拔剑起舞,常以身体掩护刘邦,项庄找不到下手的机会。张良一看情况不妙,急忙跑到军营门口,找到刘邦的大将樊哙。樊哙问道:"今天的情况怎么样?"张良回答道:"情况非常危急。项庄正在拔剑起舞,屡次要乘机杀掉沛公!"

一五、司马昭之心

公元220年,曹操的儿子曹丕称帝,出生于高级士族家庭的司马懿逐渐占据了重要的地位,掌握魏国军权,成为魏国最有权势的大臣。公元239年,魏明帝临死前,委托曹真的儿子曹爽和司马懿共同辅佐年仅八岁的幼主齐王曹芳。曹爽远不是司马懿的对手,被司马懿杀死,司马氏独揽了曹魏的中央大权,司马懿和他的儿子司马师、司马照相继执政。公元254年,司马师废除齐王曹芳,另立年仅十三岁的高贵乡公曹髦为帝。公元

255年，司马师病死，司马昭掌握政权。

公元260年，魏帝见司马氏三世专权，而自己的权力在一天天丧失，就觉得非常气愤。一天，曹髦召集侍中王沈、尚书王经、散骑常侍王业前来计议，对他们说："司马昭之心，路人所知也。我不能坐等废辱，今天要与你们一块讨伐他。"王沈、王业不仅没有支持曹髦，反而立即向司马昭告密，司马昭做好了准备。曹髦带着宫中数百个老弱残兵，吵吵嚷嚷地去攻打司马昭。曹髦刚和司马昭的手下人交锋，就被杀死了。曹髦死后，司马昭另立十四岁的曹奂为傀儡皇帝。至此，曹魏政权及其支持者再也无力反抗了。

一六、韩信背水一战

公元前204年，平定了魏地的韩信和张耳率领几万大军，想通过太行山区的井陉（今河北西部，邻接山西）。赵王歇和成安君陈馀，就把20万兵力聚集在井陉关的隘口。

赵将广武君李左车对成安君陈馀说："韩信正攻下魏地，其锋锐不可挡。但是，我们的井陉关道路非常狭

鬼谷子

隘，不能使两辆兵车并行，不能使骑兵排成行列。汉军从几百里外而来，他们的粮车一定落在部队的后面，请您拨给我3万奇兵，抄小路去拦截粮车，您深掘战壕，高筑营垒，坚守阵地，不出兵交战。这样，他们往前不能进，向后不能退，我再用奇兵切断他们的后路，叫他们没有一点吃的、用的，不出十天，我们就可得到韩信和张耳的头颅。不然，我们就会成为他们的俘虏。"

陈馀却说："韩信现在的兵力，口头上号称有几万，其实不过几千人罢了！像这样兵力薄弱跋涉千里的疲惫不堪的军队，我们反而避开不打，以后遇到强大的敌人怎么办呢？那么其他的诸侯就会笑话我们怯懦，就会轻易地来攻打我们了。"

且说韩信派人刺探赵军情况，听说陈馀没有按照李左车的计策行事，这才大胆地向那狭长的隘路挺进。在不到井陉口30里的地方，安营扎寨。半夜里发出突击的命令，挑选两千轻骑，让他们每人携带一面红色汉旗，从近道沿着山路隐蔽行进到赵军军营附近。临行前，韩信对他们说："赵军看到我军败退，一定会倾巢出动追击我军，到那时你们迅即冲入赵营，把他们的旗帜拔了，换上我军的旗帜。"

第二章 反应

接着，韩信派一万人作先头部队，开出营寨，面向赵军，背向河水，排开了阵势。赵军见后，都嘲笑汉军愚蠢。天亮后，韩信率领部分军队开出井陉口隘道。赵军果然全部拉出军队迎击。双方交战了很久，汉军假装败退，赵军全力追击，远离了军营。韩信事先派出的那2000轻骑，早已埋伏在赵营的附近，这时趁机冲入赵营，把赵国的旗帜都拔了，换上了2000面汉军的旗帜。

再说韩信、张耳率军退入背水的军阵之中，因为那里没有退路了，个个拼死作战，赵军一下子不能取胜。打了一阵拉据战，赵军想收兵回营，可是回头一看，营帐上全是汉军的红色旗帜，大为惊恐，以为汉军已经俘虏了赵王及他们的将领们了。汉军见赵军阵势大乱，趁机两路夹击，大破赵军，杀了陈馀，活捉了赵王歇和李左车。

战斗结束后，有人问韩信："兵法上说，作战时要背山临水，可是将军却背水为阵，反其道而行，这是什么战术呀？"

韩信说："兵书上说，'必须把军队置于险境，士兵才能奋勇作战，然后可以绝处逢生，获得胜利。'如

果把这些平素并没有受我训练的将士安置在可以逃生的地方,他们就都逃走了,怎么还能任用他们作战制敌呢?"

诸将都非常佩服地说:"这真是我们想不到的啊!"

一七、冯唐妙语救魏尚

云中太守魏尚镇守边疆,屡建奇功,在朝内外享有很高的声誉。可是在一次向汉文帝报请战功时,他因为误差六颗敌军的头颅,被汉文帝捉拿下狱。

不久,南北边塞频频出事,军情紧急。当时有个老郎官叫冯唐的,对魏尚遭到如此不公正的处罚心中不服,一心想救出魏尚,苦于没有机会接近汉文帝。有一天,汉文帝乘着漂亮的宫车在京城里漫游,路过郎署的时候,看见有个老人在迎接他,一问知道他是冯唐,两人热乎地说起话来。汉文帝在闲聊中知道冯唐的祖先是赵国人,就夸奖起历史上的赵将李齐如何勇敢。冯唐认为,李齐的骁勇还比不上廉颇、李牧。文帝叹了一口气,说:"现在匈奴逞强,屡犯边塞,如果廉颇、李牧尚在,我以他俩为将,还怕匈奴吗?"

第二章 反应

冯唐见来了机会，赶快要为魏尚说几句公正话，于是大声说道："陛下就是得了廉颇、李牧，也不一定就会重用他们……"

魏尚的名字未提到，汉文帝就气呼呼地起身回宫。冯唐感到很沮丧，魏尚救不出来，自己的厄运却要降临了。

不一会儿，宫中派来一个侍臣，把冯唐带去了。汉文帝和颜悦色地说：

"刚才听了你说的话，我一时生气回了宫，这是我的不对。不过，你也得说说我为什么就一定不能重用廉颇和李牧呢？"

冯唐刚被带进宫殿的时候，是准备受汉文帝处罚的，现在见皇上那副诚心诚意的样子，一颗悬着的心才放了下来，他回答说："我听说古时候贤明的君王派遣将帅出征，都要举行隆重的仪式，亲自为将帅推车，并授权给将帅，在行军作战中，对军功的奖励和处罚，都由将帅们去决定，再向君王报告。就是以前赵国的李牧，在镇守边塞的时候，赵王命令规定：边关的租税，都由李将军用来奖励战士们，不要向朝廷缴纳。可是陛下现在能不能也像当年的赵王那样信任和器重一个镇守

边疆的大将呢？举个例说，云中太守魏尚

在守卫边疆的时候，他的忠心和才能并不比李牧差，全军上下都愿意为他效力，可是，陛下却为他报功中敌首相差六个而将他下狱。魏尚的这些过失，同他的功劳相比，算得了什么呢？所以，我认为陛下即使得了廉颇、李牧，也不一定能重用他们。"

汉文帝听到这里，恳切地说："我以前这样对待魏尚是错了，你赶快拿了我的命令，到狱中释放魏尚，让他官复原职，立即出镇边疆。"

匈奴畏惧魏尚，不敢冒犯，边陲又安定起来。

一八、虞延不拘小节

东汉人虞延生得虎背熊腰，身材魁梧，力大无比，能举起做饭的大锅。虞延性情直爽、豪放，不太注意生活小事，但是却敢主持公道，敢作敢为，不怕有权有势的人。虞延年轻时在家乡当亭长，王莽的贵妃魏氏亲戚，倚仗权势在乡里横行霸道。老百姓虽然都非常痛恨他们，但不敢得罪他们。虞延却不畏惧，带着吏卒把他们抓了起来。老百姓人人称快，可是虞延因此而得罪了

第二章 反应

朝廷。

王莽垮台之后，虞延得到升迁，后来他在太守富宗家做功曹。富宗这个人生活极为奢侈，衣服、车马、器物都违反朝廷规定。

有一次虞延劝他说："听说春秋时候，齐国的相国晏婴，做那么大的官都不穿皮衣；季文子在鲁国做相国，他的妻子也不穿丝帛做的衣服，可您却这样奢侈，可能不太合适吧。"

富宗听了他的劝告，不但不改掉这个恶习，反倒对他冷淡起来，于是虞延就离开他，回家去了。

没过几天，富宗果然因为奢侈过度而被朝廷捕获诛杀。他临近伏法的时候，痛哭流涕地喊道："虞延呀虞延呀，你说的非常正确呀，我后悔没听你的劝告呀……"

虞延的名声逐渐传到皇帝耳中，皇帝封他为公车令，第二年又让他做洛阳令。当时皇帝的亲属阴氏有一位宾客，名叫马成，因奸盗罪被虞延逮捕入狱。阴氏便向皇帝告状，说虞延捕获的罪犯都是冤枉的。皇帝便亲自去狱中盘查囚犯。

虞延向皇帝报告说："这里的囚犯有理可论的在东边，确实必须判罪的全在西边。"

这时马成连忙从西边跑到东边,口中在喊:"冤枉!"

虞延拉住他,怒斥道:"你是惯犯,因为有靠山不敢动你,就像庙堂里的耗子因为怕薰了神像,所以没有处置它。今天抓到你,定当法办!"

皇帝信任虞延,知道他不会徇情枉法,便斥责马成:"你犯了王法,这是咎由自取!"可是许多年后,虞延还是被阴氏逼得自杀了。

一九、徐福上书汉宣帝

汉宣帝的龙案上放着一封书信,拆开一看,原来是茂陵的徐福写来的,信上说:"霍家掌权的时间太长了,他们的子孙人人封侯,连霍家的女婿都掌握了兵权,权势实在太盛了,连皇上都不放在他们的眼里。皇上如果不采取措施抑制他们的势力,说不定霍家要走上反叛灭族之路呀!"

汉宣帝虽然对霍家也有成见,可是皇后都是霍家的人哪,如何下得了手呢?再说,自己对霍家恩重如山,他们也不至于会心怀二心谋反篡权。他把书信丢在一边不予理睬。

第二章 反应

没有几天，徐福的书信又到了汉宣帝的案头，再次提醒皇上对霍家要提高警惕。汉宣帝仍然把信搁置一边不理。

几个月后，当汉宣帝第三次收到徐福上书的时候，开始讨厌这个人了。事隔不久，霍家果然阴谋政变，幸好被人告发，没有造成大害。汉宣帝大怒，咬牙切齿地严令将霍家消灭，重赏告发的人，唯独没有赏赐三次上书的徐福。有人为徐福受到皇上的冷遇忿忿不平，上书汉宣帝说："我听过这样一件事，有个客人到人家去玩，看见这家的烟囱是笔直向上的，旁边还堆着不少柴草，就劝告他们说，这种状况很容易发生火灾，应该把烟囱砌成弯曲的，把柴草搬到较远的地方去。那家主人说烟囱已经砌了几年了，都是这个样子，从没有出过事。不久这家真的失火了，附近的人都赶去救火。火灾扑灭了，主人请救火的人到他家去吃酒，唯独没有请那个提醒注意火灾的客人赴宴。

后来经人批评后，才把那位客人请到宴席上坐了上位。"汉宣帝看到这里，觉得那家失火的人把提建议的客人忘了，这是不足取的。接着，他又读了下去："茂林徐福三次上书陛下，指出霍家权势太重，应该防止他们走上谋反的邪路上去。如果皇上采纳了徐福的意见，限制了霍家的权力，那么，霍家就没有力量谋叛了，也不致遭到灭族之祸，国家也就没有必要拿出大量的土地和官侯会分封众人。可是，陛下却偏偏不赏徐福，这同遭到火灾的主人独独不请提建议的客人上酒宴一样，是不公平的。这样，以后谁还敢冒着危险上书陛下，去揭露你身边潜伏着的隐患呢？"汉宣帝觉得这个上书人说得合情合理，就把徐福召进宫殿予以重赏，还让他当了个郎官。

二〇、班超智勇服鄯善

公元73年，东汉假司马（官职名）班超和从事（官职名）郭恂奉命出使西域，想使那里的大小国家归顺汉朝。

班超带着36人来到西域的鄯善国（在今新疆若羌一带）。鄯善王想归附汉朝，又想归附匈奴，正处举棋未定之际，班超他们一行人来临，鄯善国王恭敬异常，三日一小宴，五日一大宴。可是过了一段时间，班超正准备动身西赴别国，忽然觉得鄯善王对他们不如先前热

第二章 反应

情了,供给的酒食也不如从前丰富了。班超当即起了疑心:"这里面一定有鬼!"

他马上跟随从人员议论:"鄯善王待咱们跟前几天大不相同,你们看出来了吗?"

随从们忙连连点点:"可不是吗?我们也感到有点两样,可不知为啥?"班超说:"我猜,一定是匈奴使者到了。鄯善王怕得罪匈奴,特意冷淡咱们了!"说来也巧,鄯善王的手下人正送酒食来。班超眼珠一转,连诈带唬地发话:"匈奴的使者已经来了几天?现住在什么地方?"那侍从架不住班超这么一诈,忙不迭如实相告:"不瞒班大人,匈奴人

来了三天了。他们住的地方离这儿有30里地。"班超怕走漏风声,马上把这个侍从关押起来。

班超接着召集36个随从人员喝酒。正喝得酣畅淋漓时,班超双手捧起酒碗,突然站直身子,冲大家激愤地说:"你们和我都已身处绝境,生死难卜。你我来到西域原是为建功立业。万万没想到,匈奴使者来这儿才几天,鄯善王就冷淡咱们。如果他欺咱们人少力薄,把咱们捆绑起来送给匈奴,他倒可以向匈奴单于邀功请赏,咱们却要身首分离、尸骨抛撒异乡。你们大伙儿说

说,该怎么办呢?"

大伙全慌了神:"生死与共,我们插翅难逃。是死是活,全听您班大人的!"

班超喝了一大口酒,声音更加高昂:"不入虎穴,焉得虎子?现在只有一个办法最好,就是趁着黑夜,摸到匈奴使馆的帐篷周围,一面放火,一面进攻。他们不知道咱们有多少兵马,一定心慌。只要杀了匈奴使者,鄯善王就不敢倒向匈奴,这样,他就不得不归顺大汉朝。"

大家小声嘀咕:"这可是一件大事,要跟郭恂从事商量一下吧。"班超双目怒睁:"大丈夫立大功,称英雄,在此一举。郭从事是个庸俗的文官,胆小如鼠,叫他知道了会泄露出去误大事。不必跟他去婆婆妈妈了,是男子汉的,干!"话音刚落,班超端起酒碗,仰起脖子,咕嘟咕嘟一饮而尽。

众随从纷纷端平酒碗,喝个痛快:"干!今夜拼一场!"半夜时分,班超带着36个壮士向匈奴的帐篷那边偷袭过去。那晚,恰巧刮大风。班超指定10个人拿着鼓隐蔽在帐篷后面,吩咐他们:"看到大火烧起,你们都要拼命敲鼓,大声喊叫造成声势。"另外20个壮

第二章 反应

士手持弓弩埋伏在帐门两侧。准备就绪，班超带领剩下的6个人顺着风向放火。"呼!"红色的火焰冲天而起。

10个人同时擂鼓、呐喊，其余的人大喊大叫着冲杀进帐篷里。匈奴兵从梦里惊醒，急得走投无路。班超打头"刷"地冲进帐篷，手起刀落，转眼间，3个匈奴兵的头颅"扑扑扑"落地。其余壮士跟着冲进帐篷，杀死匈奴使者和30多个随从。他们割下匈奴使者脑袋，跑到外边，立刻高举火把，将所有帐篷都点着了。火借风势，舔着火舌席卷帐篷，100多名匈奴兵被大火烧死，仅剩几个侥幸者鼠窜而去。

天渐渐亮了，班超令人请来了鄯善王。鄯善王跨进帐篷，一眼看到汉朝人手中拎着匈奴使者的人头，吓得大惊失色。班超话中有话劝他："从今以后，我们大汉皇朝和你们联合起来抵抗匈奴，匈奴就再也不敢来侵犯你们啦!"

鄯善王脸如土色，忙趴在地下，磕头发誓："愿意听从大汉皇帝的天命!"鄯善王为了表示真心交好，就叫他儿子跟随班超赴洛阳侍侯汉朝皇帝，彻底归顺了东汉。

鬼谷子

二一、周亚夫平叛大战

公元前154年（汉景帝三年），吴、楚等地诸侯王反叛朝廷。焦急万分之际，汉景帝刘启脑中立即闪过父亲文帝临终前的嘱咐："我死后，如果国家有什么紧急事故发生，你可派周亚夫统率汉兵，平定乱事。"

朝廷正用兵当口，汉景帝忙把汉初名将周勃的儿子周亚夫从中尉一下子晋升为太尉，掌握全国大军。周亚夫临行前，汉景帝再三重托："如今七国叛乱，情况紧急，国家安危全望将军独挽狂澜！"周亚夫受命，统领36位将军率浩浩荡荡的汉兵，向东进攻吴、楚等七国。

周亚夫风尘仆仆到达淮阳，察明形势后，亲自向汉景帝呈上一份紧急奏章："吴、楚的军队轻装简从，行动极其神速，无法跟他们正面交战。希望陛下行欲擒故纵之计，暂时放弃保卫梁地，让叛军占领，然后断绝吴、楚的粮道，才能制服这股叛臣贼子。"汉景帝答应了这个要求。

周亚夫率兵云集荥阳，吴国叛军正猛攻梁国。梁国

第二章 反应

吃紧,屡屡向周亚夫求援。周亚夫置之不理,却偏偏亲率军队向东北驻扎于昌邑城,挖深城池,坚守不出。

梁国诸侯梁孝王急了,天天派员向周亚夫请求。每次,周亚夫耐心地听完,便"嘿嘿"笑笑,却仍按兵不动。

梁孝王恼了,直接上书汉景帝。他派人将一纸告急文书星夜送到京城,汉景帝仔细摊开展读:"陛下,梁国危在旦夕,周太尉拒不救援!"

汉景帝也有点着急:"周爱卿太过分了,怎能见死不救呢?得马上派遣使者令太尉发兵救梁。"

京城使者到达荥阳军营,宣读汉景帝诏书才毕,周亚夫凛然一声发话:"将在外,君命有所不受。若不能铲除叛贼,周某一人承担罪责!"他仍固守壁垒,不出兵救梁,那宣读诏书的使者只好干瞪眼。

几乎在同时,周亚夫却已派遣精干的轻骑兵,长驱直入,悄悄断绝了吴、楚军队后面的粮道。吴国军中缺粮,饥饿阴影笼罩,只好强忍着屡屡向汉军挑战,汉军却仍纹丝不动。有一天晚上,汉朝军队内为出兵不出兵的事吵闹不停,直至嚷嚷到周亚夫帐下。但是,帐内鼾声正浓,周亚夫并没有起床。

 鬼谷子

周亚夫旷日持久的不应战,使吴国军队拖累了,他们急着要寻找突破口。吴王刘濞调兵遣将,围住了昌邑城。一天,叛军如蚁袭击城的东南角。听完军情汇报,周亚夫"嘿嘿"一笑:"刘濞,你瞒得了我?你在声东击西。

你佯攻东南,实欲攻西北!"周亚夫调动汉营士兵悄悄加强西北角的防备。不过一袋烟攻夫,吴国精锐部队果真猛攻西北角。周亚夫手下兵将刹地涌现在城头,矢石如雨而下,吴军哪里攻得进去?刘濞气得吹胡子瞪眼,手下将士腹内空空饥饿难当,士气一落千丈,大败而走。

周亚夫长剑一挥,早就准备好的一支精锐劲旅呼啸而出,追击吴兵。吴王刘濞见势不妙,马上抛弃大队人马,只率数千壮士仓皇逃窜。他们直逃到丹徒县,建筑工事,龟缩自保。一个多月后,吴王被越国人斩下了脑袋。吴国叛逆彻底烟消云散。

历经三个月大小战事,吴,楚等七国叛乱终于平定。汉景帝对周亚夫刮目相看,朝廷文武百官更啧啧称赞:"周太尉当初的弃梁不战真是为了保汉平叛大战,确是神机妙算啊!"

第二章 反应

二二、挟天子以令诸侯

东汉末年，豪强割据，军阀混战。初平元年（公元190年），渤海太守袁绍等豪强联合起来，组成关东联军，讨伐董卓。袁绍是北方最大的豪强，由于他有很高的声望，于是大家都推举他做盟主。董卓得知关东联军讨伐他，急忙把汉献帝迁往长安。不久，司徒王允与吕布设计杀死董卓。董卓的部将李傕、郭汜又杀死王允，汉献帝落到李傕、郭汜手中。

袁绍野心勃勃。他威逼韩馥让出冀州，自任冀州牧，割据河北，梦想有朝一日夺取整个天下。袁绍手下一个叫沮授的人，看透了袁绍的心思，他给袁绍出主意说："如今朝廷动荡，皇上颠沛流离，宗庙残破殆尽。独霸一方的州郡，虽然表面上说自己是讨伐董卓的义兵，暗地里却在关东联军内部互相攻击，根本没有忧虑国家、体恤百姓的意思。现在将军您已初步占据了冀州等地，兵强马壮，士人归附，如果到长安迎接皇上，在邺都（今河北省临漳）建立皇宫，以天子的名义向诸侯发号施令，积蓄兵马，征讨不听从朝廷号令的人，谁能

鬼谷子

抵挡得了呢?"袁绍打算采纳沮授的计策。颍川郭图、淳于琼却认为,如今汉室气数已尽,图谋中兴并不是容易的事,因此建议袁绍三思而后行。袁绍知道自己成不了大事,就改变了主意,没有采纳沮授的建议。

二三、适当的方法

汉章帝时候,有一年因为护羌校尉用兵失策,引起羌人愤怒,起兵犯境,朝廷命邓训为校尉,前去平叛。

羌人首领是迷唐,他率领一万骑兵先去胁迫月氏胡。月氏胡有二三千骑兵,人数虽然不多,但却骁勇善战,每次与羌人作战,总能以少胜多。邓训的部下得知羌人攻打月氏胡,心里非常高兴,对邓训说:"真是老天助我,羌人打月氏胡,月氏胡打羌人,让他们互相打吧,我们可以坐等他们的毁灭,这是以夷伐夷的谋略呀……"

邓训却不这样想,他深谋远虑地说:"你们的想法是错误的呀,前任护羌校尉所以失策,就在于他失信于羌,惹得羌有骚乱,结果让朝廷兴师动众,耗费巨资,又使边塞百姓不得安生。让羌胡服从汉朝,必须获得他们的信任。如果想获得他们的信任,就应该对他们有恩

第二章 反应

赐。眼下月氏胡,遭到迷唐的攻击,我们要救援月氏胡!"

汉军按照邓训的命令,打开城门,让月氏胡的妇女、老人、孩子和伤员进城,然后派兵严密防御。迷唐的羌兵退走以后,月氏胡的兵士看到自己的父老、妻子受到汉军的保护,非常感动。他们纷纷给邓训叩头,流着眼泪说:"邓使君对我们胡人这么好,我们真是感恩不尽呀,以后我们一切听从邓使君的,决不与汉朝三心二意!"

邓训从胡人中挑选一批年轻力壮的作为汉军兵士。胡人欢天喜地,愿同汉人结为一家。

当时羌人和胡人中流行一种风习,人生了病,久治不愈,就自杀,认为病死是一种耻辱,不如自杀。邓训想改变这种恶习。他听说胡人生了病,就去问候,并且将病人隔离开,收取他的刀剑,然后派医生为他耐心治疗。这样一来,许多病人都痊愈了,一传十,十传百,胡人对邓训更加崇拜和敬仰。

不久,邓训依靠月氏胡骑兵的帮助,平定了迷唐的叛军,俘虏了他们的将领,主要头目大都被杀死,边境从此安定下来。

 鬼谷子

二四、斗智斗勇的书生

南朝宋朝时候,吴郡武康地方有一个叫沈庆之的人,很小的时候就胸怀大志,而且也十分强壮,当东晋末年,孙恩作乱,乱兵攻武康这时,沈庆之才十多岁,他跟随族人一起反抗、进行自卫,得胜。从此,沈庆之便以勇敢善战闻名。四十岁时,投在征虏将军赵伦之的儿子伯符(竟陵太守)部下任职。况陵地方常有蛮夷侵扰,由于沈庆之的勇敢善战,最后使竟陵得到安宁,伯符也因而升了将军。在连年征战的生活中,沈庆之积累了不少作战经验,因为他屡建战功,被荐给孝武帝刘裕,从那以后担任了京城防卫的重职。

元嘉(宋文帝刘义隆年号)十九年,沈庆之又因讨伐蛮夷有功,升为建武将军,负责防守边疆。元嘉二十七年,宋文帝要向北方扩展,派王玄谟等人督师北伐,沈庆之向文帝劝谏,详细陈述了以前几位北伐将军失败的教训,文帝被缠不过,便叫左右两个文官和他辩论,庆之说:"治理国事,就像治理家事一样;论耕田应该问实际操作的长工,讲织布便要问织布的婢女。现在陛

下想攻打人家的国家，却和没有经历过战争的白面书生去商量，这件事能成功吗？"可是文帝最终也没有接纳他的意见，后来果然遭到失败。

二五、李渊机智回信

李渊起兵之后，李密依仗自己的强盛，想自为盟主。便致书称李渊为兄，请联合起来消灭隋朝，大体上说想与李渊在盟津会盟，杀殷纣王于牧野，捉秦王子婴于咸阳，目的就是想要杀掉被群臣拥立的越王杨侗和李渊立的代王杨侑李渊看着李密的信笑了笑说："李密蹦跳着很放肆，无法给他分析道理。我现在正在安抚京师，来不及向东征讨，如果同他关系闹僵，就是又多出来一个敌人。李密现在正好可以为我挡住东都洛阳的兵锋，守住成皋的要害，想要找到韩信、彭越这样的人物，还不如就用李密呢。应当对他谦虚并夸奖他，使他更加骄傲，不对我们有所戒备。待我入关之后，占据蒲津而屯驻永丰，阻隔崤、函而兵临伊、洛，那我们的大事就成了。"

命令大将军府记室参军温大雅写信告诉李密说：

 鬼谷子

"近来,昆山火烈,海水翻腾,赤县变成废墟,百姓涂炭。不管布衣士卒还是村野农夫,都纷纷起来争霸图王。在庄严的东都洛阳,已被强兵围困,肥沃的周原,尸横遍野。君主南巡,再也不想回来;匈奴在北境正气焰嚣张,想要南下侵占伊川。在上的君主不操心,在下的群臣只好瞠目结舌,导致大盗移国,无人敢指。忽然到了这个地步,留下了一帮皇亲国戚,本来七百年的基业,到二世就完了。自北周、北齐以上,自有文字记载以来旧家的沦亡,没有像这样残酷的。上天生下这么多黎民百姓,就一定会有来统治的人,而当今能够统治天下的,除你之外又还有谁呢?老夫年老知命,没有这么大的愿望,欣喜能够拥戴你这位伟大的弟弟,攀龙附凤。只希望早点应了图谱上的话,以安定天下百姓。同宗作盟我为年长,但愿着在同宗的份上予我宽容;只要能够再封为唐公,我就知足了!杀殷纣王于牧野,这是我不忍说的;捉子婴于咸阳,更是不敢听命。汾、晋左右之地,尚且须加安抚,盟津会盟,还来不及确定日期。现在皇上尚在南巡,恐怕会造成西晋时的永嘉之乱,回头看看当今的中原,您已取得优势,让我为之感叹,同时也心感内疚。略知你的动静,却迟迟没有向你

报告消息，未曾当面诣拜，却增加了你的劳苦。你现在在名利之地纵横驰骋，在这种近阶承檐之地应当十分慎重，最终完成大业。"

李密收信后非常高兴，出示给部下说。"唐公推让，天下的安定就不足为忧了！"于是不防备李渊的部队而一心对付王世充。

二六、欧阳修救狄青

北宋仁宗时期，欧阳修与狄青同朝为官。欧阳修才华横溢，文章冠绝天下，狄青骁勇善战，打起仗来所向披靡。这一文一武，表面看，好像没什么相同之处，但那一份忠君爱国的情结，爱民如子的情怀，却都是一样的。也正是因为这些，他们才惺惺相惜，结成了挚友。

狄青出身行伍，说话办事直来直去，不太会奉迎人。有一回，狄青打了胜仗归来，宰相陈执中为了拉拢他，亲自率文武百官，前来祝贺。狄青很高兴，连忙摆了盛宴款待大伙。但他并没有特别恭维陈执中，敬酒的时候，反而先与欧阳修碰杯！这小小的无意之举，就激

鬼谷子

怒了陈执中。他认为，狄青这是居功自傲，没把当朝宰相放在眼里，于是怀恨在心。

待众人散去后，欧阳修劝告狄青，如今怠慢了宰相，要当心祸从天降。狄青一愣，随即哈哈一笑说："我哪里怠慢他了？管他呢，皇上英明，我心正身正，何惧之有？"事实上，狄青也确实光明磊落，后来的日子里，尽管陈执中总想伺机报复，却苦于抓不到他的把柄，而不得不作罢。

宋仁宗皇佑四年，狄青奉命征讨西夏。谁知，西夏兵将听说是狄青来了，吓得惊慌失措，还没怎么打，就溃不成军了。西夏王李元昊没有办法，只好送来降书顺表，真正向北宋称臣。这一下，狄青的威名便响当当地传开了。班师还朝的时候，百姓们欢呼雀跃，纷纷堵在路上，来看他们心目中的大英雄。狄青马不能行，他感动得热泪盈眶，不停地向大伙儿拱手致意。

哪料想，这场面却被陈执中知道了！他立刻进宫，对仁宗说："狄青已深得民心，如果不除，必成大患！"仁宗一惊，慌道："此话怎讲？"这样，陈执中就把狄青受到百姓拥戴的情形，添油加醋说了一番。仁宗听后，摇摇头说："狄青是忠臣。"陈执中当即回道："恕臣直

第二章 反应

言,太祖何尝不是周世宗的忠臣!"这话戳中了仁宗的痛处。当初,宋太祖赵匡胤本是后周的一员虎将,周世宗死后,因小皇上年幼,赵匡胤就在手下将士的簇拥下,黄袍加身,夺了周家的天下。那时候,赵匡胤曾痛哭流涕,对后周众臣说:"实在是万不得已啊!"……这个狄青,会不会也"万不得已"而黄袍加身呢?仁宗不由得打了个激灵,暗暗有了惩除狄青的念头。

可问题是,狄青现在并没有罪,而且还有赫赫的战功。仁宗找不到合适的借口,正犹豫不决的时候,国家又出了大乱子。原来,岭南有一个叫侬智高的,因不服大宋的统治,便煽动部分少数民族起来造反。他们的声势很大,当地的宋军抵挡不住,一退再退,没多久,叛军就控制了好几个州县。消息传来,朝野上下顿时慌作一团。这时候,仁宗想到了狄青,但又不太放心,就与陈执中商议,先命陈曙带兵十万,前去迎敌。

这陈曙是陈执中的心腹,奸诈而有心计,尽管精于吏道,却不会打仗。遇到侬智高的叛军,头一阵,就被打了个落花流水。陈曙慌了,忙重整队伍再打,可还是一个败,实在顶不住了,他只好向朝廷紧急求救。仁宗也没有办法,只好再次起用了狄青。陈执中心里虽然不

快，却因陈曙不争气，没什么好说的。但他怕狄青再立大功，就派人密令陈曙说：狄青大军一到，侬智高必败，这头功你一定要抢在手！

狄青临走前，欧阳修来为他饯行。欧阳修忧心忡忡地说："这一去，你可得小心些。你要冷落百姓，如果他们再围观你，你就用鞭子狠狠打他们，尽量让他们恨你。"这算什么话？狄青不解。欧阳修说："当初，韩信领兵在外，遭到刘邦的怀疑，曾问计于张良，张良告诉他要'自污'。韩信听了张良的话，行军打仗的时候，对百姓们大肆掳掠，以至于百姓们都怨声载道，大骂狗韩信。刘帮知道后，嘴上虽然对韩信严加斥责，心里却不再怀疑他了。你现在与韩信有何区别？"狄青恍然大悟，出了一身的冷汗。

不出欧阳修所料，狄青带着大军，离开京城还没走多远，便遇上了一群百姓来看他。狄青想到了自己的处境，便狠狠心下令说："给我乱棒打散！"于是，狄青的兵将就一齐动手，把这些百姓打得头破血流，失声痛哭，这样一连打了几次，狄青的名声彻底坏了，都说他是个没良心的，升了官就忘了本。士兵们也觉得狄青变了，都敢怒不敢言。

第二章　反应

这些事儿，很快传到了仁宗耳朵里。仁宗大喜，对陈执中笑道："狄青是莽夫一个，怎能如此对待百姓？朕一定要严惩他。"陈执中点头称是，心里却暗暗嘀咕：这狄青怎么变聪明了？

到了阵前，狄青安营扎寨后，传出命令，无论谁都不许冒然进兵，违者一律斩首。他的意思是，先想查清敌情，再一举破敌。可陈曙却误以为，狄青这个命令，是怕他抢功，再加上他有陈执中的密令，胆子也大，就暗暗带兵出来，偷袭侬智高。谁知，又是大败不说，还被敌兵牢牢困住，一下子搅乱了狄青的计划！狄青大怒，连忙亲率精兵，冲进敌营救出了陈曙。陈曙跪下，正要谢恩，哪想狄青却大吼一声："给我绑了！拉出去斩了！"陈曙素知狄青无情，料想不能活命，忽然心生毒计，对众士兵高声笑道："狄将军是真龙天子，死在他手下，我没有怨恨！你们还不快拜？"说罢，就对着狄青叩头，并山呼万岁。有一些士兵，没明白是怎么回事，也赶紧随着他跪下，山呼万岁。

狄青惊得浑身发冷，脸都白了。慌乱中，他一刀杀了陈曙，嘶叫道："狗贼！你怎敢逼我犯上？"又对跪着士兵流泪道："诸位这是干什么啊？"这时，众人才醒悟

鬼谷子

过来，连忙站起来，愣愣地看着狄青，说不出话来。

接下来，狄青很快平定了叛军，逼死了侬智高。可是，凯旋而归的时候，他却仍然很紧张，陈曙喊他万岁一事，总是沉沉地压在他的心头。

欧阳修出城迎接狄青，最早知道了这件事，不禁大惊失色："你怎么能杀了陈曙？这不是有杀人灭口的嫌疑吗？那时，你应该随着陈曙转身跪拜啊，就当是你们一同拜皇上的……"狄青怔在哪里，不知该如何是好。欧阳修低头想了一会儿，忙说："再迟就来不及了。"便骑上狄青的宝马，飞速跑回京城，找到好友刘敞，请他赶快打点一份厚礼，送到陈执中家里，目的是想方设法缠住陈执中，为自己先陈执中一步见到皇上争取时间。

这时，对于陈曙喊狄青万岁一事，陈执中也是刚刚知道。他高兴坏了，暗道：狄青啊狄青，合该你满门抄斩！哪想，他正要出门去见皇上，刘敞却突然来了。刘敞是监察御史，陈执中不想得罪他，况且刘敞是来送礼的，他更得陪陪人家了。于是，两个人就慢慢拉起家常来。

欧阳修匆匆来到宫里，见了皇上就说："陛下，臣

第二章 反应

请罢了狄青的官职。"仁宗一愣,说:"狄将军刚打了胜仗,怎好罢官?"欧阳修说:"狄青虽忠,但臣夜观天象,发现狄青这个将星属阴,西夏也属阴,叛贼也属阴,这些年的大洪水也属阴。如果罢了狄青这个武官之职,这一切灾难便会自然消退。"

仁宗非常迷信,而且很敬重欧阳修的《易经》才学,就说:"这个理由罢免狄青,是很充分的。可是,以卿之意,狄青该到什么地方去?"欧阳修说:"陈州属阳,可让狄青执掌陈州。"仁宗当即颁旨,大意是:狄爱卿有功,但其性有违天意,回京后可稍作休息,前去陈州上任。

见太监拿着圣旨出了皇宫,欧阳修心里这才踏实了一些,长出了一口气。这时,陈执中终于摆脱了刘敞,也来朝见皇上。他气喘吁吁地说:"臣请处置狄青。"仁宗笑道:"处置过了,让他到陈州去了。"陈执中得知圣旨已下,一切已不可挽回,就说了句"陛下英明",又看了一眼欧阳修,悻悻地告辞皇上,回家去了。

后来,狄青到了陈州,再也没有受到皇上的猜忌,安安乐乐地度过了晚年。他很清楚,他之所以能够得以善终,全凭欧阳修的智慧。

鬼谷子

二七、唐胄上书进谏

唐胄,字平侯,琼山人,弘治十五年(公元1502年)考中进士,官授户部主事。后来因为了忧归家尽孝。刘瑾罢斥那些守丧期满却还久不上任的官员,唐胄因此被罢职。刘瑾被杀后,朝廷召用他,他因为母亲年老而没有出来。

嘉靖初年(公元1522年),朝廷起用原来的官员。唐胄上书内官织造,请求为宋朝守节而死的大臣赵与珞追谥立词。后来,唐胄晋升为员外郎,又升为广西提学企事。他命令土官及瑶、蛮民众送子弟人学学习。后来他又被擢升为金腾副使。土官莽信暴虐,他设计抓住了莽信。木邦、孟养打仗,唐胄派人宣布晓谕,木邦于是献上土地。他还几次调任广西左布政使。官军讨伐古田贼军,久久都没有成效,唐胄派人招抚他们。贼军首领说:"这是从前让我们的子弟人学学习的唐使君呀!"于是便放下了武器。

后来,唐胄擢升为右副都御史,巡抚南、赣。然后又调往山东,后来升任南京户部右侍郎。嘉靖十五年

第二章 反应

（公元1536年）改到北方任职，升为左侍郎。皇帝因为安南久不进贡，准备派兵讨伐，郭勋又赞同这件事。皇帝下令派锦衣官去问问情况，朝廷内外军队整装待发。唐胄上书进谏道：如今之事，如果只是想让它修进贡之礼而已，就不必用兵，也不必派官去。要是想讨伐它，则有七个不可以的原因。请让我一一讲来。

古代帝王不用治理中国的办法来治理蛮夷，因此不征讨安南，这是写在祖训里的。这是其一。

太宗皇帝灭了黎季犛，寻求陈氏的后人没有找到，于是开如在那里设置郡县。后来战乱不断，仁朝每每以此为憾。章皇帝为完成先帝遗愿，放弃了那里而不守护，现在我们应该沿循;日例。这是其 外夷纷争，这是中国的福分。安南从五代到元朝，更换了曲、刘、绍、吴、丁、黎、李、陈八姓，兴衰更迭，因而岭南外的警报就少了。如今蛮夷纷争，我们正该不过问，为什么却要使子民受到损害而威慑小丑，割下心腹之肉来补四肢呢？这样做无益有害呀。这是其三。

如果说是因为中国与安南接壤，应该乘它们混乱而攻取它。我考证了马援南征的史实，他深入浪泊，士卒几乎死了一半，所立的铜柱为汉朝边境的终极，却近得

 鬼谷子

只在现在的思明府罢了。以往各朝虽然曾经平定过安南,然而安南却屡服屡叛。中国军队、马匹、物资丧失了有几十万。竭尽二十多年的财力,却仅得了数十个郡县的虚名罢了。何况还有征讨却不能攻克,像宋太宗、宋神宗、元宪宗、元世祖各朝的旧事呢?这可以作为借鉴啊。这是其四。

那些外邦进贡,是对他们有利的。一来因奉顺天朝正朔而加强在国内的威望,二来可以通贸经商使国家富足。因此它们虽然现在有战乱,仍时时呈奉表笺,进贡方物,叩关求人,但守关大臣却因为他们姓名不符拒绝让他们通行。这是他们想进贡却无法进贡呀,而并非抗拒进贡。因为这样而讨伐他,名不正言不顺。这是其五。

发兵就需要粮饷。如今四川有采木的劳役,贵州有在凯口战斗的军队,而两广所积蓄的几十万粮饷,都消耗在田川岑猛的战役中了。而且现在大的工程又很频繁,所有的军需储备都快用尽。发兵几十万,用什么供给呢?这是其六。

然而我所担忧的,还不止这些。唐朝的衰落,从唐明皇征讨南诏的战役开始。宋朝的衰落,从宋神宗讨伐

辽国的战役开始。如今北方敌寇日渐强盛，占据了我河套地区。戍边士卒屡次叛乱，毁坏我们的防线。北方的威胁正大，怎能再提南征的建议呢？如果有什么不测，谁负这个责任？这是其七。

锦衣卫官员乃是武人，不识大体。如果稍微弄错的是非的实情，使他们不服，反而有损大朝国威。即使察问到了实情，讨伐它不行，不讨伐也不行。这就是说忧患不在于外夷，而在国内啊。请陛下停止派出调查情况的官员，罢免一切征调，这样天下就大幸了。

奏章下发到兵部，请求听从这个建议。得到旨意后，等到调查的官员回来再商议。第二年四月，皇帝决计要征讨安南。侍郎潘珍、两广总督潘旦、巡按御史余光相继进谏，都未被采纳。后来派毛伯温前往征讨，终于招降了安南。

二八、任用官吏的规章

寇准做宰相时，用人不拘一格，同僚们对此十分不高兴。不久，又要任用官吏，同僚们派人拿着规章送给寇准，寇准说："宰相为朝廷考察官吏，应该推举贤才，

撤免不肖之人；如果一概按例行事，宰相的功能就不过等同于一个普通的吏职罢了。"寇准时常以澶渊退兵之功而自负，就连未真宗也因此对他格外厚待，从而引起王钦若的深深嫉恨。有一天，群臣朝会皇帝，寇准有事先行退朝，真宗一直目送着他离去。王钦若见机会来了，便问真宗说："陛下尊敬寇准，是因为他对国家有功吗？"真宗说："是的。"王钦若说："澶渊之战，陛下不以为耻，却说寇准对国家有功，这是为什么呢？"真宗十分惊愕地问道："你为什么这么说呢？"王铁若回答；"因兵临城下，以屈辱条件换取的盟约，在《春秋》中被认为是一种耻辱；澶渊之盟，正是这样的城下之盟，以陛下天子的尊贵会签订这样的盟约，还有什么样的耻辱能比它更大呢！"真宗听后，揪然不悦。王钦若又说："陛下知道赌博吧，赌博的人在快输光的时候，便罄其所有，以求一博，这就叫最后的孤注，陛下如今就是寇准手中的孤注，他对您的利用已达到十分危险的地步了"。

从此以后，宋真宗开始对寇准逐渐冷淡。在王钦若巧使离间计的第二年，便将寇准贬为刑部尚书，出任陕州知府，并任用王旦做宰相。真宗对王旦说："寇准爱对人封官许愿,当做自己的恩惠来施舍,你做宰相后,一定要引以为戒!"

二九、刮目相待

"刮目相待"的原意是:彼此离开三天,就会有新的认识。现常用来比喻用新的眼光,看待人和事。在实际使用中,它又多被人说成是"刮目相看",其意思是一样的。由于在典故中"士别三日"和"刮目相待"是连用的,因此,也有人用"士别三日",来表达这层意思。

三国时期,吴国名将吕蒙,字子明,汝南富陂(今安徽阜南东南)人。他15岁从军,跟着姐夫邓当,追随"小霸王"孙策南征北战。邓当死后,他接替姐夫领兵,由于治军严谨,屡建奇功,在辅佐孙策的弟弟孙权的过程中,征伐黄祖,参加赤壁大战,拒曹攻皖,战功卓著,深得孙权的赏识。先后任别部司马、横野中郎将、虎威将军。行伍出身的吕蒙,最初文化水平很低,每次陈述军情,常常口授其词,由他人记录后,作为上奏的文书。为此,孙权曾劝他说:"你如今已经做了将

 鬼谷子

军,不能不读书学习。"吕蒙却不以为然,常以军务繁忙为托辞。孙权说:"我并不是让你成为满腹经纶的饱学之士,你再忙还能比我忙吗?我坚持读书,很有收获。"吕蒙这才听从了孙权的劝告,开始利用戎马倥偬的间隙发奋读书。数年后,接替死后的周瑜到陆口,也就是今天的湖北省嘉鱼陆溪口,领兵的鲁肃在赴任时路过吕蒙的军营。鲁肃出身士族,内心有些轻视吕蒙,曾想一过了之。有人劝谏鲁肃:"吕将军功名日益显著,不能用老眼光看待他,您应该去拜访他。"

于是鲁肃来到吕蒙的军营。酒喝到尽兴的时候,吕蒙问鲁肃:"您肩负国家重任,与占据荆州的关羽邻近,将采用什么计策谋略,以防备预料不到的事情呢?"鲁肃随口便答:"看情形随机应变。"吕蒙严肃地说:"现在吴蜀虽然联盟,而关羽占据荆州,总是吴国心腹之患,计策怎能不预先设定呢?"接着他给鲁肃提出了五条计策,鲁肃听后大惊,随即恭敬地走下席位,走近吕蒙,轻拍着吕蒙的肩说:"吕子明,我不知道您的谋略竟达到这样高的水平,你再也不是原来那个有勇无谋的阿蒙了。"吕蒙笑着回答说:"分别三天,就应该重新认识,这有什么大惊小怪的呢?"

第二章 反应

建安二十二年,也就是公元 217 年,鲁肃病死,临终向孙权举荐吕蒙,接替自己到陆口就任都督。吕蒙果然不负众望,三年后,用计袭取了荆州,逼得关羽败走麦城。吕蒙一生对吴国最主要的贡献,就是策划和主持了夺回荆州的战役,为吴国政权的稳定奠定了坚实的基础。而这是与他勤于读书,发奋学习,从而胆识大增,谋略出奇,密不可分的。通过学习,吕蒙的人格也有提高,他关心部属,善待俘虏,举荐不计私怨,深受部下拥戴,这才有了袭取荆州的胜利,并被封为孱侯。但不久旧病复发,不治而死,死时年仅 42 岁。临终前,吕蒙嘱咐家人,将所有的赏赐全部上缴国家,丧事务必简单节约。孙权后来多次提到此事,深感钦佩。

关于吕蒙读书学习的故事,通晓古今的毛泽东,是给予肯定的。他在 1958 年 9 月视察安徽时,对同行的人说:"吕蒙是行伍出身的,没有文化,很感不便。后来孙权劝他读书,他接受了劝告,勤奋苦读,以后当了东吴的统帅。现在我们的高级军官中百分之八九十都是行伍出身,参加革命后才学文化的,他们不可不读《三国志》的《吕蒙传》。"近半个世纪过去了,今天的情

况与50年代相比，已发生了很大的变化。然而，依据不同的时代要求，学习，学习，再学习，仍然是历史赋予我们的重任，也惟如此，我们这支军队才能永远令世人刮目相待。

三〇、乐不思蜀

"乐不思蜀"，常被人们用来比喻乐而忘返或乐而忘本。这句成语的典源是发生在三国时期的一个故事：吴、蜀、魏三足鼎立到了后期，孙权、刘备、曹操相继去世，他们的后代不像前辈那样叱咤风云，雄才大略，逐渐露出衰败之气，尤以蜀国后主刘禅为最。

刘禅是刘备的长子，小名阿斗，就是赵云大战长坂坡从万马丛中救出的那个婴孩。刘备病逝以后，他袭位于成都，当时年仅17岁。刘禅是个没有出息的庸碌之辈，在他即位之初，有盖世英才诸葛亮等旧臣的辅佐，还可以维持下去。诸葛亮死后，蜀国每况愈下，特别是诸葛亮选定培养的大司马蒋琬病逝，大将军费祎被杀后，刘禅终日热衷于声色犬马，重用宦官黄皓，朝政日益腐败。

第二章 反应

诸葛亮病逝时,曾把伐魏的重任托付给大将军姜维。姜维领兵在外作战,黄皓私下里对刘禅说姜维要谋反,昏聩的刘禅不问青红皂白,就下诏要姜维迅速返回成都,以致丧失了与魏军主力决战的大好时机,蜀军无功而返。

不久,魏国大举进兵,命征西将军邓艾,镇西将军钟会分两路攻打蜀国。姜维领军镇守剑阁与钟会相持。邓艾则绕过宜守难攻的剑阁,从小路翻山越岭,经阳平突然出现在锦竹。面对魏军,在成都只会吃喝玩乐的刘禅,顿时慌了手脚。是战,是降,是投靠东吴,还是退守蜀国内地,在大臣们的众说纷纭中,刘禅选择了降魏,还下令让在剑阁与魏军作战的姜维也放下武器。其实,此时蜀军主力并未受到重创,仅成都城内还有数万人马,如果姜维全军驰兵救援,两面夹击,完全有可能消灭邓艾。但刘禅为了保全性命,竟然拱手让出了刘备苦心经营多年的江山。刘禅的第五个儿子刘湛哭劝刘禅背水一战,被刘禅赶出宫门,刘湛大哭,拔剑先杀妻儿,随后自杀。前方将士闻讯拔刀砍石,痛心疾首。姜维更是仰天长叹:真是一个扶不起来的阿斗。姜维曾想先诈降钟会,再寻找机会复国,但消息走漏,自己死于

乱军之中。

降魏的刘禅被押往洛阳,司马昭封他为安乐公,为了答谢司马昭不杀之恩,第二天,刘禅带着投降的蜀官来到司马昭的府中,司马昭备酒款待,并命蜀人在筵席前弹奏蜀乐,表演蜀国的歌舞,在座的蜀官不胜感伤,都掩面流泪,只有刘禅嬉笑不止,毫无悲忧之情。司马昭轻轻叹了口气,问刘禅:"你还想念蜀国吗?"刘禅随口回答:"这里很快乐,一点也不想蜀国了。"一会儿,刘禅起身更衣,手下一位叫郤正的大臣跟着出来说:"你怎么可以说不想蜀国了呢,如果司马昭再问你,你就哭着说'先人之墓,远在蜀地,无时不在想念它',这样,他就会让你回去了。"刘禅牢记在心,重新入席。果然司马昭又问:"你还想念蜀国吗?"刘禅就照着郤正的话,一字不改地回答了,可他想哭却没有眼泪,只好把眼睛闭起来。司马昭问:"你说的怎么像是郤正的话啊!"刘禅不假思索地答:"是啊,就是他说的话啊!"说得司马昭和左右大臣都哈哈大笑起来。

后来,人们就把那些乐而忘返或乐而忘本的人的所作所为,称作"乐不思蜀"。

三一、生子当如孙仲谋

"生子当如孙仲谋",典出多处,我们取宋代著名的爱国诗人辛弃疾的《南乡子·登京口北固亭有怀》这首词作例。词的原文是这样的:

何处望神州?满眼风光北固楼。千古兴亡多少事?悠悠,不尽长江滚滚流!年少万兜鍪,坐断东南战未休。天下英雄谁敌手?曹、刘,生子当如孙仲谋。

这首词的最后这一句,表达了作者对三国时期吴国创立者孙权的仰慕与怀念,意思是说,细数天下英雄,又有谁足以成为孙权的敌手呢?只有曹操与刘备了,人们想要生儿子,就应当生个像孙权这样的英雄人物。孙权,表字仲谋,他为什么能让诗人以及许多后人赞叹呢?我们不妨来看一看他的经历。

孙权,吴郡富泰(今浙江富阳)人,出身于将门,孙武之后。他的父亲孙坚和哥哥孙策都是当时赫赫有名的军事将领。孙权自幼追随父兄,艰苦、动荡的军旅生活,培养了他深谋远虑、倔强刚毅的性格。孙权15岁任阳羡县长官,建安五年,也就是公元200年,孙策被

 鬼谷子

害,江东六郡的军政大权交给了年仅18岁的孙权。孙权在周瑜、鲁肃等人的辅佐下,精心治理属地,公元208年,联合刘备,以弱小之师大败号称拥有百万大军的曹操于赤壁。221年,他大胆启用年轻的陆逊,于夷陵之战中又战胜了刘备。孙权治军严谨,有一年,曹操举兵攻江东,与孙权在濡须对峙了一个多月,曹操从远处眺望孙权的军队,赞叹孙权的军队严明整肃,于是就撤军了。孙权军事上的深谋远虑,还表现在他的居安思危上。吴、蜀、魏三足鼎立局面形成后,曾出现过一段暂时的平静。当时吴国的不少军事将领思想上因此产生了麻痹。孙权特地下达命令说:"我们在生存时,不能忘记有灭亡;在安居时,一定要想到危机。"汉代有一位名臣叫隽不疑,他生活在社会安定和平的年代,刀剑却从不离身。所以,军备是时刻不可忘记的。关羽水淹七军,俘虏了魏国的左将军于禁,吕蒙袭取荆州后,对如何处置于禁,意见不一。孙权从战略高度考虑,派人把于禁送回了魏国,很得魏文帝曹丕的钦佩。关于孙权劝吕蒙读书学习的事,更是为人们所称道。毛泽东在读《吕蒙传》这一段时,特别赞扬孙权的这一举动。

　　孙权称帝后,下令各州、郡,想办法利用战争间隙

让老百姓休养生息，鼓励农业生产。陆逊建议各位将军带头广开农田，孙权不仅给予支持，而且身体力行。他与太子亲自耕种分配的田地，把拉车的八头牛分成四对进行农耕。孙权还组织过舰队航海至夷州，也就是现在的台湾。

魏文帝曹丕曾问吴国使臣赵咨："你说吴王孙权是雄才大略的君主，有什么具体内容吗？"赵咨回答："在众多平凡的人当中选用了鲁肃，这是吴王超众的智慧；在众多平凡的军人中，越级提拔吕蒙，这是吴王的明智；俘虏到了于禁而不加害于他，这是吴王的仁义；夺取荆州，兵不血刃，这是吴王的智慧；占据江东，虎视天下，这是吴王的雄才。"这段评价是很能说明孙权的为人与政绩的。毛泽东对孙权也很赞赏，他非常喜欢吟诵辛弃疾的《南乡子》，有时还故意把最后一句改为"当今惜无孙仲谋"，表达了他对一代豪杰孙权的赞赏之情。

三二、风声鹤唳，草木皆兵

此典出自《晋书·谢立传》："坚众奔溃，自相蹈藉投水死者不可胜计，淝水为之不流。余众弃，甲宵

遁，闻风声鹤唳，皆以为王师已至。"

这段文字，是"风声鹤唳"这个典故的最早记载。意思是苻坚的溃败之兵，听到风声和鹤叫，以为是追兵呼喊。形容疑惧惊慌，一有风吹草动，神经便极度紧张。

故事说的是太元八年，就是公元383年的秋天。秦主苻坚一声令下，百万大军浩浩荡荡向晋地进发，首尾连绵一千多里，蔚为壮观。

当时晋国只有八万将士，苻坚想以强凌弱，一举消灭晋国。然而，真正的悲剧开始了。苻坚遭到了弱小的晋国强有力的抵抗。

晋国的丞相谢安亲自统领八万水陆精兵，指挥抗敌。他命龙骧将军胡彬带五千水军，星夜增援寿阳；命谢石、谢玄率大军北上。

当胡彬的五千水军行到硖石（今安徽凤台县西南）的时候，寿阳已在两天前被苻融攻陷。与此同时，慕容垂也攻占了郧城（今湖北安陆县）。胡彬当机立断在硖石驻扎。

硖石是淮河上的一个重要关隘。胡彬的部队刚刚扎好营寨，秦军蜂拥而来，将胡彬的五千人马团团围住。

第二章 反应

秦军一面围攻硖石,一面调派大将梁成率五万人马抢占洛涧(今安徽怀远县东南,洛水与淮水的汇合处)。胡彬顿时感到事态严重。要是秦军拿下了洛涧,便挡住了晋军北上抗秦的路线,硖石也就孤立无援了。他几次率军突围,但均被强大的秦军挡住,更严重的是,部队的粮秣也快没了。

在这紧急关头,胡彬一面派人去求救兵,一面迷惑敌人。他让部队三五成群地在山坡上筛土,装进麻袋。秦军一看,以为晋军在筛粮食呢!便认为晋军兵精粮足,放慢了进攻。

说到这里,得提到另外一个人,这个人叫朱序。朱序本来是东晋的将领,曾任梁州刺史,后镇守襄阳。四年前,秦军攻打襄阳时,由于他手下的将领叛变,襄阳被攻陷。朱序被俘后,苻坚让他当了秦国的尚书,朱序虽然在秦国为官,却"身在秦营心在晋"。

苻坚想利用朱序前去劝降东晋将领。谁知朱序将秦军的作战计划和盘托出,并献计说,苻坚虽然拥有百万大军,但战线过长,大部分军队尚在进军途中,先锋部队不过三十万人,如果先发制人,突然袭击,将先锋部队一举击溃,就能挫伤秦军的锐气,扭转战局。倘若等

鬼谷子

到秦军全部人马到齐，恐怕晋军再也没有回天之术了。

晋军经过讨论，认为朱序的计谋是眼下惟一克敌制胜的法宝。他们当即组成五千人的精锐先锋部队，在夜色的掩护下，渡过洛涧，向秦军兵营发动了猛烈的攻击，混战中斩杀了秦军大将梁成。主将一死，群龙无首，秦军四散逃命，他们自相践踏，溺死者不计其数，紧接着，晋军以迅雷不及掩耳之势，解了硖石之围，把秦军逼过淝水。

三战俱败，秦军锐气顿消。为搞清楚晋军的虚实动向，苻坚让众将陪他登上寿阳城头察看。目极之处，旌旗猎猎，杀声震天。他问苻融，晋军到底有多少人马？苻融说大约有十多万。苻坚忽然惊叫着说："你看，那边山上不都是晋兵吗？"众将一看，只见八公山上，影影绰绰。苻坚不禁失声叫道："只这一处就有十万之众！"其实，他将山上的草木当成了晋军。这就是我们后来所说的"草木皆兵"典故的源头。

秦、晋两军在淝水对峙。晋军为赶在秦军到齐之前一举击败秦军，便派人给苻融写了封信，信中说：你们能否往后撤出一箭之地，腾出一块交战的地方，让我们渡过淝水，再决一胜负。苻融拿着信找苻坚，苻坚心生一计，决定让晋军渡河。许多将领强烈反对。苻坚却说："兵不厌诈！兵书上讲'半渡击之'，难道这个道理你们也不明白？"

苻坚是想将晋军放过淝水一半的时候再攻击，把晋兵消灭在淝水之中。哪料想，晋军一过河，惧战的秦兵岂能抵挡得住！千军万马只顾逃命，死伤不计其数。苻坚夹在溃逃的队伍中，夺路而去，耳边传来尖厉的风声和鹤群的叫声，都以为是追来的晋军。这就是"风声鹤唳"的典故，用以形容秦兵的惊慌失措。晋军穷追猛打，直到收复了寿阳才收兵。

弱小的晋国，以八万之师，打败了秦国的百万大军，创下了以少胜多的经典战例。看来，兵不在多而贵在精。

三三、三箭定天

"三箭定天山"这个典故，出自《旧唐书·薛仁贵传》。原文是这样的：

薛仁贵"领兵击九姓突厥于天山……时九姓有众十余万，令骁健数十人逆来挑战，仁贵发三矢，射杀三

人,自余一时下马请降……军中歌曰:将军三箭定天山,战士长歌入汉关。九姓自此衰弱,不复为边患"。

这段文字的大意是:薛仁贵在卫戍天山。发三箭射杀三人,威慑敌营,敌人俯首请降。后人以此喻指武将的武艺高强和功勋卓著。

关于这个典故,曾有一种说法:贞观十九年,高丽国发生政变,一个名叫泉盖苏文的酋长,杀了国王高建武及官员一百多人,并攻打新罗和百济。

这两地派使者向唐朝求救。三月,唐太宗率大军亲征。双方经多次激战,未分胜负,战争处于胶着状态。

在一次战斗中,薛仁贵身着白色铠甲,骑一匹白马,挥舞着方天画戟,冲入敌阵,所向披靡。当时,太宗在高处观战,对薛仁贵的骁勇十分赞赏。战斗结束后,太宗召见薛仁贵,封其为游击将军,赐给金帛。

这个故事,经后人演绎,竟张冠李戴,甚至编造出一些所谓东征的荒唐故事,在民间流传。大概的意思是说,"三箭定天山"的地点是在辽宁省凤城县的凤凰山,山上有两块巨石交叠,远远看去,有个比一间房子还大的孔,说这就是当年的"箭孔"。其实,这是谬误。薛仁贵在天山作战,应是十五年后的事情。故事发生在唐

第二章 反应

高宗显庆年间，薛仁贵当时任铁勒道行军副总管。天山下有个叫"九姓"的部族来侵扰，薛仁贵领兵应战。他连发三箭，射杀对方三名将领。对方惧而投降，于是军中流传出一首"将军三箭定天山，壮士长歌入汉关"的歌。这才是"三箭定天山"典故的由来。

在第二次国内革命战争时期，中国工农红军经二万五千里长征，于1935年10月到达陕北吴起镇后，毛主席给彭德怀写了一首祝捷诗，歌颂红军的英勇。诗中有两句是："谁敢横刀立马，唯我彭大将军"。彭德怀把这首诗改过后，送还给毛主席。诗中的这两句修改为"谁敢横刀立马，唯我英勇红军"，一时成为美谈，流传于世。

鬼谷子

反应第三

故知之始己,自知而后知人也①。其相知也,若比目之鱼。其伺言也,若声之与响;其见形也,若光之与影也。

其察言也不失,若磁石之取针,舌之取燔骨②。

其与人也微,其见情也疾。如阴与阳,如阳与阴;如圆与方,如方与圆。未见形③,圆以道之;既形,方以事之。进退左右,以是司之。

己不先定④,牧人不正;事用不巧⑤,是谓"忘情失道"⑥;己审先定以牧人,策而无形容,莫见其门,是谓"天神"。

【注释】

①知之始己,自知而后知人也:假如你想要知道他

人，就必须先了解自己。了解自己后，才能道他知人。

②燔骨：火烤的肉骨头。《谭子化书》："嚼燔骨者，焦唇烂舌，不以为痛。"

③未见形：指对方思想感情的潜在状态。既形：指对方思想感情已外化。

④己不先定：自己如果没有主见。先定，预有的主见。

⑤牧人不正，事用不巧：不能正确地认识入，引导人，也难以巧妙灵活地处事。

⑥忘情失道：忘，一本作"亡"，是。忘情失道即背情悖理。

【译文】

了解别人先要从了解自己开始，只有了解了自己，然后才能了解别人。真正了解别人，彼此之间感情自然和睦，就像比目鱼并行一样形影不离。

掌握他人形象，如光与影相随，观察对方言辞，不可有所疏忽，就像磁石吸引铁针，舌头舔食烤熟的排骨一样。

与人相交也不在深厚，只要方式得法对方就会很快地向我敞开情怀。这其中的关系，就像阴与阳、圆形和方形一样有一定的规则。在对方迹象尚未出现之前，用圆通、灵活的方法去引导对方；当对方形迹已经出现

时，就用一定的原则去衡量他。进退左右等各种行动都应按这种法则去掌握。

如果不能自己确定下来，制定一些考察人的准则，就不能很好地管理人才，统治别人，处理事情就会笨拙，运用的技巧就会不够，这就叫做"沉迷于感情迷失正道"。只有先严格审定自己，确定好一种考察他人的准则制度，而后才能统治他人而无形无迹。在管理上施用谋略，使人们根本看不见整个制度的所在，未见其门却又自然地进入这扇门，这就达到了最高境界。

【感悟】

想要了解别人，先要了解自己，想要审定别人，先要审定自己，掌握了别人而别人还未觉察才是最高的手段。既了解别人，又了解自己的人，才是掌握全面的人，才能真正制胜别人。

【故事】

一、鸿鹄与鸡

春秋时期，鲁国的一位巨子田饶追随鲁哀公多年，一直尽心办事，但始终没有受到重用，心中不免忿忿不

第二章 反应

平。有一天，田饶对鲁哀公说："我将离开您，象鸿鹄那样远走高飞了。"

鲁哀公问："为什么呢？"

田饶答道："您难道没有看见雄鸡吗？它头戴红冠，气度文雅；脚上有距，便于进行搏斗；强敌在面前时，敢于争斗，具有勇敢的气质；遇到食物时，呼唤同伴，不独自享受，这是仁慈的表现；打鸣报晓，长年累月，从不误时，是它守信用的美德。对于一只鸡来说，兼有这五个方面的优长，实在是很可贵的。可是您还是天天煮着它吃，为什么呢？这是因为鸡的处所与您的处所很近，得来容易。而鸿鹄呢，展翅千里，栖息在您的园林池塘里，捕捉您的鱼鳖，啄食你的粮食。它们没有雄鸡那五种美德，而您却以它们为高贵，这又是为什么呢？是因为它们的处所与您的处所相距很远，得之不易。所以，我要学鸿鹄、离开您远走高飞。"

一番话。使鲁哀公十分惭愧，对身边的人熟视无睹，习以为常，不去发现他们的优点特长，以致埋没人才。相反以为远道的和尚会念经，因不熟悉，只凭一点印象就委以重任，的确不是合适的为君之道。

 鬼谷子

二、拉断帽带

春秋时期。楚国国君楚庄王励精图治,国家渐渐强盛。

一天,楚庄王设宴,款待群臣,并要自己特别宠爱的美人为大家劝酒。天幕低垂,烛光摇曳,君臣武将们喝得兴高采烈。突然,一阵大风吹过宫殿,所有的蜡烛同时都被吹灭了,宴席上顿时一片漆黑。

正在这时,那位在席间劝酒的美人,不知被谁在黑暗中拽住了衣袖。她喊又不敢喊,走又走不掉。情急之中,她一把拉断了那个人的帽带,那人一慌、她才挣脱了身子。

美人跑到楚庄王身边,向他哭诉被人调戏的经过,并告诉他那人的帽带被她拉断,待蜡烛全被重新点燃后,一检查帽带就能把那个人抓出来。

楚庄王听了,心想:这可能是某个人酒后的一时冲动,如果为了显示妇人的贞节,将那人治罪,不仅把热烈的晚宴气氛全搅了,还会让人觉得自己宠美人而轻大臣武将,今后谁还愿尽忠效力呢?因此不应按美人的要

求做。于是，他趁蜡烛尚未全部点燃，在昏暗之中大声喊道："在这丰盛的宴会上，诸位一定要开怀畅饮，谁的帽带要是还系得好好的，没有断开，谁就没有酒量！"

在坐的人为了讨楚庄王的欢心，纷纷把自己的帽带都扯断了，等宫殿再度辉煌时，所有的人的帽带都是断的，调戏美人的人也就无从查处了。

在这以后的围攻郑国的战役中，有一位武将奋勇当先，五个回合就斩下五个敌军的首级，令敌人丧胆。楚国在那次战役中大获全胜，据说，那位最勇猛的武将，就是那个晚宴上被美女拉断帽带的人。

三、不受蒙蔽

战国初期，春秋五霸之一齐桓公的儿子齐威王刚刚继承父位时，和楚庄王最初执政时有点相似。他不大把国家大事搁在心上。楚庄王。"三年不飞，一飞冲天；三年不鸣，一鸣惊人"。可是齐威王一连九年，不飞不鸣。

在这九年当中，韩国、赵国、魏国时常来侵犯齐国，可齐威王也不着急，打了败仗，他也好像满不在

鬼谷子

乎，还不准大臣们对他进行劝说。

有一天，有位琴师求见齐威王。他自我介绍说他是齐国人，叫驺忌，听说齐威王爱听音乐，特来拜见。齐威王听说琴师求见，就同意让他进宫。

驺忌拜见国君后，把琴放好，调准了琴弦，像是要弹琴的样子，可是把两个手搁在琴弦上就不动了。齐威王问道："你调了弦，怎么不弹呐？"驺忌说。"我不光会弹琴"、还懂得弹琴的一套大道理。'"齐威王不大清楚弹琴其中的道理，就让他给讲讲。于是，驺忌把弹琴的道理讲得天花乱坠，玄而又玄。

齐威王听得似懂非懂，终于不耐烦了，对驺忌说："你已经说了半天，为什么还不给我弹琴呐？"驺忌反问道："君主您瞧我老拿着琴不弹，有点不乐意了吧？怪不得齐国人瞧着您老拿着齐国这张大琴，九年都不动一个指头，也有点不乐意呢！"齐威王立即起身说："原来先生是拿琴来劝我的，我明白了。"

他命令人把琴拿下去，就和驺忌谈论起国家大事来。驺忌劝他搜罗人才，重用有能耐的人，增加生产，节省财物，训练兵马，建立霸主的功业。齐威王听得非常高兴，就拜驺忌为宰相，帮助他整顿朝廷的事务和全

第二章 反应

国各地的官员。

邹忌做了宰相后，帮助齐威王把齐国治理得井井有条，全国百姓都称齐威王是个英明的君主。齐威王因此非常得意，邹忌见此有些耽心，怕齐威王骄傲起来，就想找个机会提醒提醒他。

那一天，邹忌早上起来，穿好衣服。戴上帽子，对着镜子瞧瞧，觉得自己很漂亮。心里很得意。他问自己的妻子说："我跟北城的徐公比起来，哪个漂亮？"他说的那位徐公，是齐国著名的美男子。妻子听他这样问，就不加思考地说："当然是您美，徐公哪比得上您哪！"

邹忌不大相信妻子的话，就问刚走进房间的使唤丫头："我跟城北的徐公相比，到底哪个漂亮？"使唤丫头说："还是您漂亮、徐公比不上您！"

过了一会儿，有一位客人来到邹忌家，两个人坐着谈了会几天。这位客人是来向邹忌借钱的，邹忌对他又问了同样的问题，'他的回答和邹忌妻子、使唤丫头的回答也是一样的，说邹忌比徐公漂亮。

凑巧的是，一第二天，城北徐公到邹忌家拜访他。邹忌一见徐公，不觉一愣，天下竟有这么漂亮的美男子！他觉得自己长得比不上徐公。他偷偷地照了照镜

子,再对比一下徐公,越照越对比,越觉得自己远不如徐公漂亮。

这天晚上,邹忌躺在床上琢磨来琢磨去,终于悟出其中的道理,而且想到:恰恰可以用这个道理去劝说齐威王。

第二天清晨,邹忌来到宫中,把这两天关于自己和徐公的事情讲给齐威王听,自己是怎样问的,妻子、使唤丫头、客人是如何回答的,都详细说了一遍。

齐威王听了,笑笑问:"你说你比不上徐公漂亮,可你的妻子、使唤丫头、客人,。为什么都说你比徐公美呢?"邹忌说:"我的妻子说我美,是因为她偏向我;我的使唤丫头说我漂亮,是因为她地位低,怕我;我的朋友说徐公不如我,是因为他有求于我,故意恭维我。"

齐威王说:"你讲得对一,听了别人的话,是得好好考虑一下,不然的话、就容易受蒙蔽。"邹忌紧接着说:"是呀!我想齐国有方圆1000多里土地,120座城池。王宫里的美女,一伺候君王您的随从,没有一个不想讨君王您喜欢的;朝廷里的群臣,没有一个不害怕君王您的;全国各地的人,没有一个不想得到君王您的照顾,有求于您的。从这些情况看来。您是很容易受到蒙蔽的，所以您一定要提高警惕。"

邹忌的这一番话，使齐威王觉得很有道理。他立刻下了一道命令："不论朝廷大臣、地方官吏和老百姓，能当面指出我的过错的，得上等奖赏；能以书面方式指出我的过错的，得中等奖赏；就是能在背后议论我的过错的，也能得；下等奖赏。"

四、民为邦本

"民为邦本"意思是，人民是立国的根本，要治理好国家，必须依靠人民，而不能违背民众的意愿。

此典出自《尚书·五子之歌》："皇祖有训，民可近而不可下。民惟邦本，本固邦宁。……予临兆民，懔乎若朽索之驭六马。为人上者，奈何不敬！"

夏朝的国君太康，本来是大禹的孙子，他在继任国君后荒淫无度，不问国事，一天到晚只知打猎寻乐。所以，老百姓都非常怨恨他。有一次，太康到洛水的南面去打猎，连续一百天不回京城。有穷国的君主羿趁机起兵反叛，并鼓动夏国的老百姓，把太康阻止在黄河南岸。于是，羿篡夺取了夏国的政权。

太康有五个弟弟,当羿起兵反叛时,他们用车载着母亲从京城逃了出来。虽然他们都非常怨恨太康,但心想:"我们是夏国的子孙,怎么因羿叛乱就躲得远远的呢?我们一定要恢复夏国。"因此,他们就和母亲一起在洛水之滨住了下来。

后来,太康的五个弟弟一起作了一首歌,赞扬大禹的功劳,谴责太康的荒淫,其中一段歌词是:"英明的祖先告诫我们:人民不可鄙视而只能亲近。国家有了人民,好比大树扎下了稳固的根。一个人统领着万民,就好比用腐朽的绳索驾驶着快马在奔驰,随时要战战兢兢("皇祖有训,民可近而不可下。民惟邦本,本固邦宁。予临兆民,懔乎若朽索之驭六马。为人上者,奈何不敬")。

太康死后,弟弟中康做了国君。后来,羿也荒淫无道,老百姓纷纷起来反抗。中康和他的弟弟们趁机起兵,恢复了夏国。

五、牛头马肉

"牛头马肉"这个典故告诉人们:不允许别人做的事,自己首先不要做。以身作则,才能取信于人。

第二章 反应

此典出自《晏子春秋·内篇杂上》:"灵公好妇人而丈夫饰者,国人尽服之。公使吏禁之。曰:'女子而男子饰者,裂其衣,断其带。'裂衣断带,相望而不止。晏子见,公问曰:'寡人使吏禁女子而男子饰,裂断其衣带,相望而不止者,何也?'晏子对曰:'君使服之于内,而禁之于外,犹悬牛首于门而卖马肉于内也。公何以不使内勿服,则外莫敢为也。'公曰:'善。使内勿服,不佁月而国莫之服'"

这段话意思是说:齐灵公喜欢内宫的妇女女扮男装,结果上行下效,蔚然成风,全国妇女都穿起了男装。

于是灵公就派官吏禁止这种现象,下令说:"凡是女扮男装的,一律撕毁所穿衣服,扯断所系带子。"

然而,尽管人们亲眼看到有人遭到惩罚,但是女扮男装的风气依然禁止不了。

灵公为了这件事伤透了脑筋。有一天,晏子进见,灵公问道:"我让官吏严禁国中女扮男装,还下令毁掉她们的衣带,这一切人们都亲眼看到了,为什么还禁止不了呢?"

晏子回答说:"您允许宫廷嫔妃女扮男装,却禁止

宫外的妇女女扮男装,这好比肉店门口高悬牛头的招牌,而里面卖的却是马肉。您为什么不首先禁止内宫女扮男装呢?那样,外面的人就会遵守规定了。"

灵公听了说:"好。"于是,下令禁止宫中女扮男装,不到一个月,果然全国便没有人再敢女扮男装了。

六、妒贤嫉能

"妒贤嫉能"即嫉妒和憎恨贤能之士。后人用这个典故比喻对有才能的人妒忌。

此典出自《汉书·高帝纪第一下》:"项羽妒贤嫉能,有功者害之,贤者疑之,战胜而不与人功,得地而不与人利,此其所以失天下也。"

项羽,下相(今江苏宿迁西南)人,秦末农民起义军的领袖。秦二世元年(公元前209年),他跟随叔父项梁在吴地起义。秦亡后,自立为西楚霸王,并大封诸侯王。在楚汉战争中,被另一支抗秦力量刘邦击败,自刎而死。

项羽是一个有勇无谋的武夫。在他起兵抗秦以后,曾经有很多贤臣名将,如范增、陈平、英布、韩信等,投靠在他的手下。他不是看不起他们,而是因为妒忌这些人的才能,致使这些人不是弃楚归汉就是愤然离去。韩信归汉后,成了刘邦和项羽争斗中致项羽于死地的大将。在著名的鸿门宴上,范增劝项羽杀掉刘邦,项羽不仅不听从劝告,反而中了陈平、刘邦施的反间计,罢免了范增的权力,致使范增愤然离去,病死途中。由于项羽不善用人,最后终于成了孤家寡人,演出了一场"霸王别姬"的惨剧。

汉朝建立以后,有一次刘邦大宴群臣。席间,刘邦问:"为什么我能取得天下,而项羽就失去了天下呢?"大臣高起、王陵回答说:"项羽妒贤嫉能,害功臣,疑贤者,所以他失掉了天下。"

七、恶贯满盈

"恶贯满盈"比喻坏事做得太多或坏事已做到了尽头,该是受到惩罚的时候了。

此典出自《尚书·泰誓上》:"商罪贯盈,天命诛之。"

商朝末年,商纣王残暴无道,不但老百姓反对他,

鬼谷子

诸侯们也对他非常反感。当时有一个诸侯叫姬昌,在他的治理下施行仁政,大家都赞扬他,诸侯们也拥戴他,纣王便把他囚禁起来;后来姬昌的近臣献了许多美人和财帛给纣王,姬昌才得到释放。到他儿子姬发(即周武王)即位,便率领诸侯起兵讨伐商纣,在孟津渡黄河,向商都朝歌进攻。在牧野地方,与纣王的军队交战。周武王所率的是仁义之师,深受百姓的拥护,而纣王的军队却是深被老百姓摒弃和憎恶的,结果纣王大败,自焚而死,商朝也就此灭亡。

八、尔虞我诈

"尔虞我诈"用来比喻互相猜疑、互相欺骗。

此典出自《左传·宣公十五年》:"宋及楚平。华元为质。盟曰:'我无尔诈,尔无我虞!'"

春秋时期,鲁宣公十四年九月,楚国去攻打弱小的宋国,楚庄王亲率大军,团团围住了宋国的都城。由于宋国军民同仇敌忾,坚守不懈,直到第二年五月,楚军还是打不进去。这时,楚庄王准备传令退兵。

第二章 反应

楚国大夫申舟（名无畏，即毋畏）的儿子申犀在楚庄王的马前叩头说："我父亲知道自己一定会死在宋国，他为了不违背你的命令，毅然路过宋国，结果被扣留而死。而你也在我父亲临行前许下诺言，说如果申舟被杀，你一定讨伐宋国。而现在，你却要放弃以前的诺言了。"楚庄王无话可说。这时候，申叔时正在给楚庄王驾车，搭话说："我建议在阵地上修建房屋，并把一部分能够种田的战士派回去从事生产，以此表示我军要继续围困下去，如此一来，宋国必定会投降。"楚庄王采纳了申叔时的建议。

宋国果然感到恐惧不已，就派官员华元深夜混进楚国的军营，把楚将子反从床上抓起来，说："我们的国君派我来向你说明我们的困难，他说，我们国家没有粮食吃，只好互相交换小孩来吃；没有柴烧，只好拆开尸骨当柴烧。尽管这样，如果你们要强迫我们签订丧权辱国的条约，我们全国上下宁肯战死，也决不会投降。如果你们退兵三十里，我们就接受你们的条件！"子反已经落到华元手里，非常胆怯，只好先跟华元订了口头上的条约，然后才把这件事报告了楚庄王，楚军先撤退三十里。

接着，宋、楚二国议和，华元到楚国做人质。条约上写着："我不欺骗你，你也不欺骗我！"

九、邹忌照镜

战国时，齐国有一个善鼓琴的人，名叫邹忌，齐威王爱其才学，拜其为相，封成候。邹忌为相其间，择君子、修法律、督奸吏，对齐国的政治进行了改革，使齐成为可和魏相抗衡的强国。

邹忌是一个高大潇洒、风流倜傥的美男子。有一天早晨，他在镜前整顿衣冠，顺便问妻子：我和城北的徐公那个更美？其妻说：当然是君美了，徐公那里比得上！邹忌听后心想：城北徐公是齐国第一美男子，我怎么比的上他呢？于是，邹忌又问其妾：我与徐公那个更美？妾答：徐公怎能比上君呢？

这日午间，邹忌家中来了一位客人。宾主坐定，邹忌问客人：我和徐公那个美？客人答道：徐公不如君美？第二天，徐公来到邹忌家做客。邹忌仔细看他，越看越觉得自己不如他，便对镜中自看，还是觉得自己没有徐公美。

第二章 反应

到了晚上，邹忌躺在床上久久不能入睡，他想了很多很多，为什么自己明明不如徐公貌美，可妻、妾、客人却都反说自己美呢？他想了半天终于明白：妻子之所以认为我美，那是她的偏爱；妾之所以认为我美，那是因为她惧怕我。邹忌想阿想。又四由这件生活小事，想到了国家大事，想到了齐威王身边众多的阿谀逢承者，不禁为国之安危深深的担忧起来。

第二天，邹忌入朝见齐威王，说：臣自知相貌不及徐公美，可是臣的妻子因为偏爱臣，臣的妾因为畏惧臣，臣的客人因为有求于臣，都说臣比徐公美。今齐纵横千里。城池众多，宫中的妾妇和侍臣，没有不偏威王的；朝迁大臣，没有不畏惧威王的；四海之内，举国上下，大多的人都有求于威王。由此而看，大王您所受的蒙蔽已经很深了。齐威王听了邹忌这番心腑话，不禁高声赞道：说得好，说得好！说完，立即下令：无论大臣、百姓，能当面只出寡人之过者，受上赏；能写信劝谏寡人的，受中赏；能在人众会集的公共场所评论寡人的，受下赏。

此令初下，进谏的群臣一个接一个，门庭若市几个月后，虽想进谏的人，却没什么说的了。燕、韩、

魏等国听说这件事后，都派使臣到齐国朝？见齐王，表示承认齐的盟主地位。齐国不用出兵做战，不费一兵一卒，齐威王身在朝廷，通过修明政治而战胜了别国。这是实在是齐威王礼贤下士，善于采纳他人意见的结果啊！

一○、一鸣惊人

周襄王的儿子周顷王六年（公元613年），楚穆王商臣死了，他的儿子即位，就是楚庄王。赵盾趁着楚国正忙着料理丧事的时机，召集了宋、鲁、陈、卫、郑、蔡、许七国诸侯，重新订立盟约，晋国又做了盟主。楚国的大臣很不服气，三番五次地请楚庄王去争霸，以便让楚国扬眉吐气。楚庄王不采纳这些意见。他白天出去打猎，晚上花天酒地，不把国家大事放在心上，就这样胡闹了三年，大家都非常痛心，都认为他是一个昏庸的君主。其实，他自有他的主张，他早就认为楚国令尹的权力太大。现任的令尹斗越椒更是大权在握，势力太大。楚庄王深深知道，仅凭他自己两只手根本干不了大事；而在楚国的大臣当中，他一

第二章 反应

直没有发现谁有本事、有胆识,可以重用。所以他干脆饮酒取乐,不问朝政。也有几位大臣劝告过他,然而他们的话,都是隔靴搔痒,不切实际,他连听都不想听。后来他下了一道命令,张贴在朝堂上,说:"谁敢再多嘴,就定死罪!"吓得大臣们噤若寒蝉,都不敢说话了。楚庄王大失所望,难道就没有一个不怕死的大臣吗?他觉得心寒意冷,只好再多喝几杯热酒,暖暖身子。

有一天,大夫申无畏来见楚庄王。不等申无畏开口,楚庄王就先问他:"你是来喝酒的呢?还是来听音乐的?"又挤着眼睛笑了一下。申无畏弄不明白楚庄王的心情如何,心想豁出去了,于是他回答说:"有人叫我猜个谜语,我猜不出来。大王多才多艺,请您猜猜吧!"楚庄王说:"什么?猜谜语?蛮有意思的。你说吧!"申无畏说:"楚国山上,有只大鸟,身披五色,遍体荣耀。一停三年,不飞不叫,谁都不知道它是什么鸟?"

楚庄王哈哈大笑,说:"这可不是普普通通的鸟。三年不飞,一飞冲天;三年不鸣,一鸣惊人。你别着急!"申无畏磕了个头,说:"大王真是英明!"

 鬼谷子

一一、有备无患

春秋时代,晋悼公是一个贤明的君主。他的臣下司马魏绛也是一个执法严明的官吏。有一次,晋悼公的弟弟杨干在曲梁扰乱军阵,魏降就把替杨干赶车的仆人,抓来斩首示众。

杨干向悼公哭诉,说魏绛目中无人侮辱王室。晋悼公听了火冒三丈地,说:"我的弟弟受了侮辱,有什么羞耻比得上?我一定要杀死魏绛才能出这口气,快把他抓来。"

羊舌赤道:"魏绛是个忠臣,他绝对不会逃避责任的。"话未说完,魏绛到了宫门外,他呈给悼公一封奏书,然后就拔出佩剑,准备自刎。外门卫士,立即劝阻。

悼公看了魏绛奏书,得知是杨干无理取闹,魏绛秉公执法,于是悼公连鞋子也没穿就急忙跑到宫外,扶起魏绛,说:"这是我的过失,不关你的事呀。"从此悼公对魏绛更加信任,派他去训练新军。

第二章 反应

北方戎族无终国，向晋国献礼，请求与戎族和睦。悼公道："戎族没什么情义，又贪心，不如攻打它。"魏绛劝谏说："戎狄既然求和，是晋国的福气，为何还要攻打它呢？"悼公听从了他的建议，从此断了外患，专心于国事。

晋国在魏绛的辅助下，国势日渐强盛。有一次郑国出兵侵犯宋国，宋国向晋国告急。晋悼公招集鲁、卫、齐、曹等十一国的军队，由魏绛率领围住郑国都城，逼郑国停止侵略宋国。郑国害怕了，就同宋、晋、齐等十二国签了和约。

楚国见郑国倾向北方，非常生气，便出兵攻打郑国。郑国见楚兵强大，无法抵抗，只好又和楚国订盟。郑国的做法引起北方十二国不满，北方十二国又出兵伐郑。郑国更是惶恐不安，郑国只好又派使臣向晋国求和。晋国答应了，战事于是平息。郑国为了感谢晋国，送给晋国大批珍宝、歌女等。悼公便把一半歌女送给魏绛。魏绛不肯接受，说："居安思危，思则有备，有备则无患。"晋悼公听了，觉得魏绛言之有理，便把歌女送还郑国。悼公在魏绛的辅助下，终于完成了晋国的霸业。

鬼谷子

一二、愚者千虑，必有一得

齐景公有个宰相名叫晏婴，他聪明、公正、廉洁。他诛杀了跋扈的武人，搞好了邻国的关系，谏止了齐景公的奢侈。景公三十二年，彗星出现，景公觉得这是灾害将要到来的象征，打算祈祷免灾。晏婴说："如果你一个人祷告上帝请求免灾，而数以万计的百姓却在叫苦连天，上帝听谁的呢？与其祷告，不如减轻百姓负担，减少他们的冤苦。"景公听了他的话，齐国就强大起来。

景公认为晏婴立下了很大的功劳，看到他生活很贫困，就赏赐给他千金。晏婴三次都谢绝了。齐景公很不高兴地说："你未免太固执了。过去我国著名宰相管仲，国公赐给他钱，他从来没有推辞过，你为什么要推辞呢？"晏婴说："千金之赏，是应该立功才受奖的，我没有立功，所以我不配得到赏赐。谚语说：'愚者千虑，必有一得。'我当然比不上管仲，我或许是个愚者，但在拒绝奖赏这事上，我或许比管仲做得对呢！"最终他辞掉推辞了千金之赏，一生过着贫寒的生活。

第二章 反应

一三、远交近攻

张禄准备到宫里去,路上遇到秦王坐着车过来。他既不迎接,也不躲避,大模大样地照旧走他的路。卫士叫他躲开,说:"大王来了!"张禄回答说:"什么?秦国还有大王吗?"正在争执之中,秦昭襄王到了。张禄还在嚷嚷说:"秦国哪有什么大王呢?"正说在秦昭襄王的心坎上。一问,他就是张禄,就很恭敬地把他迎接到宫里去。

秦昭襄王叫左右都退出去,向张禄拱了拱手说:"请先生指教!"

张禄说:"哦,哦!"他一句话也不说。秦王见他不说话,就又说:"请先生指教!"张禄依然不说话。秦王第三回真心诚意地请求说:"难道先生认为我是不值得教导的吗?"张禄说:"从前姜太公碰见了文王,给他出了主意,文王灭了商朝,得了天下。比干碰见了纣王,给他出了主意,反倒被纣王杀害了。这是什么缘故?还不是因为一个信服一个不信服吗?如今我跟大王的交情还不深,而我要说的话非常深。我怕的是'交浅言深',

也像比干那样招来杀身之祸，因此大王问了我三回，我都不敢张嘴。"秦昭襄王说："我仰慕先生的才能，才叫左右退出去，诚诚恳恳地请先生指教。不管是什么事，上自太后，下至大臣，请先生直言不讳，我没有不愿意听的。"张禄说："大王能给我这么个机会，我就是死了也心甘情愿。"说着他拜了一拜，秦王也向他作了个揖。君臣俩就谈论起来。

张禄说："论起秦国的地位来，哪个国家有这么多天然的屏障？论起秦国的兵力来，哪个国家有这么多兵车、这么多强壮的士兵？论起秦国的人来，哪个国家的人也没有这么遵守纪律、爱护国家的！除了秦国，哪个能够管理诸侯、统一中国呢？虽然大王渴望要这么做，可是几十年来也没有多大的成就。因为秦国光知道一会儿跟这个诸侯订立盟约，一会儿跟那个诸侯打仗，根本没有制定统一的制度。听说最近大王又上了丞相的当，发兵去打齐国。"

秦王插嘴说："这有什么不对的地方？"张禄说："齐国离秦国这么远，中间隔着韩国和魏国，如果出去的兵马少了，也许被齐国打败，让各国诸侯取笑；如果出去的兵马多了，国内也许会出乱子。就算顺利地把齐国打败,也不过叫韩国和魏国捡点便宜,大王又不能把齐国搬到秦国来。当初魏国越过赵国把中山打败了,后来中山反而被赵国吞并了。为什么?还不是因为中山离赵国近、离魏国远吗?我建议,大王最好是一面跟齐国、楚国交好,一面去打韩国跟魏国。距离远的国家既然跟我们有了来往,就不会去管跟他们没有关系的事情。把近的国家打下来,就能够扩张秦国的地盘,打下一寸就是一寸,一尺就是一尺。兼并了韩国和魏国,齐国和楚国还站得住吗?这种像蚕吃桑叶似的由近而远的法子叫'远交近攻',是个最合适的办法。"秦昭襄王拍着手说:"如果秦国真的能够兼并六国,统一中原,全在乎先生的'远交近攻'了!"立刻就拜张禄为客卿,依照他的计策去做,把攻打齐国的兵马都撤回来。从此以后,秦国只把韩国和魏国当做进攻的目标了。

一四、孙膑装疯忍辱

孙膑变成了残疾人以后,天天依靠着庞涓过日子,老觉着对不起人家。有一天,庞涓对他说:"大哥,你那祖传的十三篇兵法,能不能凭着记忆写出来?不但能给

 鬼谷子

我拜读拜读,还能传于后世呢。"孙膑恨不能做点事情好报答报答庞涓。那十三篇兵法,据说是鬼谷子传给孙膑的,孙膑早就背得滚瓜烂熟。庞涓这么一说,他就满口答应了。从此,孙膑便开始写他祖传的兵书。可是那时候写一篇东西不像现在这么容易,再说孙膑心里烦得慌,天天唉声叹气,写了一个多月,也没写几篇。伺候孙膑的那个老头儿叫诚儿,他见孙膑受了冤屈,倒挺可怜他的,时常劝他歇息,不要老坐着,辛辛苦苦地写兵法。

有一天,庞涓把诚儿叫去,问他:"他每天写多少?"诚儿说:"孙先生因为两腿不便,躺着的时候多,坐着的时候少,一天只写三五行。"庞涓一听,十分恼火了,骂着说:"这么慢条斯理地要写到什么时候?你得催着他,叫他快点儿写!"诚儿嘴里答应着,心里可不大明白。他想:"干吗死命催他呢?"诚儿那股傻劲叫他心里有点不踏实。可巧服侍庞涓的一个手下来了,诚儿就问他:"嗨!我跟你打听一件事。军师干嘛老催孙先生?"那个手下说:"傻瓜,你还不知道吗?军师为了要得到一部兵书,才留着他的命。等到兵书写完了,他的命也就完了。这话你可千万别跟人说!"

诚儿一听,替孙膑捏了一把冷汗。他偷偷地告诉了

第二章 反应

孙膑。孙膑到了这时候,才如梦初醒。他想:"原来庞涓是这么一个人!唉,我真瞎了眼睛,交上了这么一个人面兽心的东西!"他又想:"如果我不写,他必定要我的命。怎么办呢?"他越想越气,越气越没有主意,急得直流眼泪,一下子气晕过去了。醒过来时,他瞪着两只眼睛,连喊带叫,把东西全扔在地下,把他写好了的兵书扔在火里烧了。吓得诚儿赶紧跑去告诉庞涓,说:"不好了!孙先生疯了!"

庞涓亲自来看孙膑,就瞧见他趴在地下哈哈大笑,笑完了又哭,庞涓叫了他一声,他一个劲儿地磕头,哭着说:"鬼谷老师,救命啊!救命啊!"庞涓说:"你认错了,我是庞涓!"孙膑拉着庞涓的衣裳,揪着不放手,嘴里乱喊乱叫。庞涓怕他装疯,就叫人把他揪到猪圈里。孙膑披头散发,竟然趴在猪圈里睡着了。庞涓暗中派人给他送饭。那个人小声地对他说:"孙先生,我知道先生是冤屈,我瞒着军师,给你送点酒菜来,请你吃吧。这是我的一点心意。"说着又唉声叹气的,还流了几滴眼泪。孙膑做着怪样把送来的酒和饭都倒在地下,骂着说:"呸!谁吃这种脏东西?我做的比你那个好得多了。"说着,他就抓了一把猪粪,揉成一个圆球,往

鬼谷子

嘴里塞。庞涓知道了这件事，就说："他真疯了。"

从此，孙膑住在猪圈里。有时候，爬到外边晒晒太阳；有时候，自己跟自己傻笑，或者是哭。一到晚上，又爬到猪圈里去睡觉。庞涓叫人给他一点吃的，让他疯疯癫癫地爬进来爬出去。他还想等孙膑好起来给他写那部兵法呢。要是孙膑到街上去，就派人跟着他。后来庞涓让手下每天把孙膑到哪儿的情形报告他。孙膑老在街上躺着，一到晚上，他就知道爬回来，有时候也在外头过夜。人人都知道他是个疯子，两条腿也不能行走，挺可怜的，如果有人还给他吃的。他高兴了，就吃点儿；一不高兴，嘴里嘟嘟囔囔地唠叨一阵，把吃的倒在身上。他变成了一个迷迷糊糊又脏又可怜的疯子了。

孙疯子总是躺在街上。有人跟他说话，他也不理。有一天后半夜，他觉得有人揪他的衣裳。那人就坐在他旁边，流着眼泪，低声地说："孙先生，你怎么到了这步田地？我是禽滑厘，墨子的门生，你还认得我吗？一听说你在这儿受苦，我的心里真难受。我已经把你的冤屈告诉了齐王。齐王打发淳于髡上魏国来聘问。我们一切都安排妥当了，想把你偷偷地带回齐国去，给你报仇。"孙膑一听禽滑厘来了，顿时泪如雨下，对他说："我自以

第二章 反应

为早晚会死在这儿了,没想到今天还能够见着你。你们可得小心,庞涓天天派人看着我。"禽滑厘给孙膑换上衣裳,抱他上了车,那套脏衣裳叫一个手下的人穿上,让他假装孙膑,披头散发的,两只手捧着脑袋躺在那儿。

第二天,魏惠王招待了齐国的使臣淳于髡,送他一点礼物,叫庞涓护送他出境,那天庞涓得到手下的报告,说孙膑还在街上躺着,他就十分放心地去送齐国的使臣。淳于髡叫禽滑厘的车马先走,自己和庞涓谈了一会儿天,从从容容地辞别了庞涓,动身走了。

过了两天,那个手下人脱去孙膑的衣裳,偷偷跑回去了。庞涓的手下一见那套脏衣裳扔在地上,孙膑却不见了,立刻去报告庞涓。庞涓一想,他到底哪去了呢?大概是跳井了吧,于是叫人四处打捞尸首。可是哪儿有孙膑的影儿?他又怕魏惠王查问,就撒个谎,说孙膑淹死了。

淳于髡、禽滑厘他们带着孙膑到了齐国,大夫田忌亲自到城外去接他。孙膑洗个澡,换了衣裳,坐着软轱辘车,跟着田忌去见齐威王。齐威王跟他一谈论兵法,真是有种相见恨晚。齐威王要封他官职。孙膑推辞说:"我一点功劳都没有,哪能受封呢?再说,庞涓要是知

鬼谷子

道我在此地，必然又会出现坏主意。不如我不露面，只要大王有用着我的地方，我一定尽力。"齐威王就让孙膑住在田忌家里。

一五、鹬蚌相争，渔人得利

战国时期，赵国曾一度准备攻打燕国。著名的说客苏代不很赞成，他赶到赵国替燕国说情，劝阻赵国攻打燕国。他对赵国国君惠文王说："我这次来贵国的时候，路经易水，见到了这样的情景：一只河蚌从水里出来，在河滩上张开蚌壳晒太阳。一只鹬鸟看见了，伸嘴去啄蚌肉。河蚌急忙合拢蚌壳，紧紧地夹住鹬鸟的嘴。鹬鸟用尽力气，如果也拔不出嘴来。于是它对蚌说：'还不松嘴？怎么甩今天不下雨，明天不下雨，就会活活晒死你！'河蚌脱不了身，无法回到河里去，还是硬着头皮对鹬鸟说：'还不服气？如果能今天不放你，明天不放你，就会活活夹死你！'它们两个谁也不肯示弱，谁也不肯放谁。一个渔夫走过来，把它们两个一起捉走了。"

苏代讲完这个故事，对赵惠文王说："现在赵国准备进攻燕国，两国争战，长期相持不下，最终会把两国的老百姓弄得财力衰竭，疲惫不堪。那时，强大的秦国就会像渔夫那样，乘机把赵、燕两国一起吞并掉。所以，我希望大王慎重考虑。"

一六、把握机会

三国时，诸葛亮在建兴十二年（公元234年）率十多万大军出兵斜谷，与魏国争夺中原。魏国的军事统帅是后来被追尊为宣帝的司马懿。司马懿一向都畏惧诸葛亮，这次见诸葛亮来势凶猛，更是心急如焚。当他知道诸葛亮屯兵五丈原以后，为了安定军心，便故意对将士们说："如果诸葛亮从武功沿山往东，我没法不担心；如果从五丈原过来，大家可以放心。"当将士们得知诸葛亮果然屯兵五丈原时，便放心多了。为了消耗蜀军的力量，司马懿向将士们下了"只守不战"的命令。诸葛亮虽然带了充足的粮草，但这样长时间地相持下去也不是办法，于是便向司马懿挑战。

魏明帝曹叡知道诸葛亮远道而来，一定会急于求战，便命令司马懿要持重待变，不可轻举妄动。诸葛亮屡次挑战，司马懿都坚守不出。于是，诸葛亮派人给司

马懿送去了一些妇女的衣服和首饰、脂粉,对其进行嘲弄。司马懿恼羞成怒,上书请战,明帝仍然不准许他出战。就这样对峙了三个多月,由于诸葛亮病死于军中,蜀军不战自退。

一七、东山再起

谢安,字安石,晋代阳夏人。青少年时代就聪慧颖悟,才识过人,尤其擅长书法,名气非常大。官府屡次召他做官,他都不肯答应。谢安在浙江会稽东山隐居二十多年。后来,征西大将军桓温请谢安做司马,谢安只好答应了,当时他已经四十多岁了。谢安即将到新亭去见桓温,朝中官员都去送行,中丞高崧也亲自送他。高崧出发之前,多喝了几口酒,借着醉意,和谢安开玩笑说:"您多次违背朝廷旨意,在东山隐居,大家经常互相谈论说:'安石不肯出仕,让天下百姓怎么办呢?'如今您出仕了,天下百姓又让您怎么办呢?"谢安笑而不答。后来,谢安担任征讨大都督,在淮河、淝水一带打败前秦苻坚的百万大军,为东晋王朝立下了汗马功劳。接着,谢安趁着前秦国力衰弱之际,命令谢玄等率诸将北伐。公元 384 年，收复徐州、兖州、青州、司州、豫州和梁州六个州。公元 385 年，猛将刘牢之进入河北名都邺，东晋王朝取得了重大的胜利。

谢安功绩卓越。那时朝廷内部的和睦状态出现危机，晋孝武帝整天饮酒作乐，不理朝政，并重用同母弟会稽王司马道子。司马道子也是一个整天只知喝酒的酒徒，专横跋扈，合力排斥、陷害谢安。谢安为了躲避灾祸，外出镇守广陵的步丘。谢安虽然在朝廷处于依附的地位，但是当年在东山立下的游山玩水的志向始终没有泯灭，经常从言语和神情中表现出来。他在步丘筑起新城，把全家老小都接了过去，并制作了浮游沧海的服装，准备在安排好镇守之事后，取道长江东还。不料，雅志未酬，染重病死去，享年 66 岁。

一八、李愬估吴元济

唐肃宗时期，陈许节度使李光颜在各军当中最为勇敢，敌人拿全部精锐部队去对抗李光颜。因此，李愬趁着敌军没有防备，十月，将要袭击蔡州。这月七日，派判官郑懈向裴度报告军队行动日期。十日夜里，任命李佑率领突击队三千人作为先锋,李忠义辅佐他,李祐亲自率领中军三千,田进诚率后军三千压阵而行。开始从文成栅出发时,大家请问进军方向,李愬说:"向东六十里就停止。"

到了敌军境内叫做张柴砦的地方,全部杀死那儿的守军,命令部队稍作休息,修理马具盔甲;持刀张弓,又打起旗帜出发了。这天,天气阴沉,下着雨雪,大风吹裂了旗帜,马战栗而不能跳跃,士兵为寒冷所苦,抱着武器冻僵倒在道路上的到处可见。那里的河流桥梁道路艰险难行,张柴以东的地方,士兵未曾进入这境内,都认为投入到无法预测的危险地方。当初到张柴的时候,各将领请问军队去向,李愬说:"进入蔡州捉拿吴元济。"各位将领听后大惊失色。监军使哭着说:"果然落入李伯的诡计中!"李愬不听,敦促命令进军,都说一定不能活着回来;然而已经听从了李愬的命令,无人敢为自己打算。李愬在路上分派五百人阻断洄曲路桥,当天夜里冻死的人有十分之二、三。又分派五百人截断朗山路。从张柴前行了七十里,等到悬瓠城,正是半夜,雪下得更大了。靠近该城有一个鹅鸭池,李愬命人惊动打击鹅鸭,用来掩杂部队的声音。敌军依仗吴房、朗山的险固，安逸得没有一个人知道。

　　李佑、李忠义首先登上城墙，敢死勇士跟随他们，全数杀死守门的士兵，登上城门，留下巡夜打更的人。天亮时，雪也停了，李愬进入城中，停止在吴元济的屋外面。蔡州的官吏告诉吴元济说："城已被攻陷了。"元济说。"是泗曲的士兵回来要求冬衣罢了。"一会儿听见李愬军队在命令将士说："常侍传话。"就说："什么常侍能够到达这儿？"于是率领身边的人依仗内城进行抵抗。田进诚率军包围攻打他。李愬估计吴元济还期望董重质来救援，就派人找到查重质的家人并安慰抚恤他们，让他们带着信件召降董重质，重质单独一人回来归降李愬，穿着白衣，用泥涂面，李愬用客礼对待他。

　　田进城焚烧内城南门，吴元济在城上请罪，田进城用梯子让他下来，于是用槛车把他押送到京城。申、光二州和各镇的士兵还有二万多人，相继来投降。

一九、书法比赛的齐高帝

　　齐高帝萧道成，明帝时为右军将军，先后镇会稽（今浙江绍兴）、淮阴（今江苏清江西），以军功累官至

 鬼谷子

南兖州刺史。明帝卒，他与尚书令袁粲等共掌朝政，并领石头戍军事。元徽二年（公元474年）平江州刺史桂阳王休范的反叛，进爵为公，迁中领军将军，掌握了禁卫军，督五州军事。与袁粲、褚渊、刘秉号称"四贵"。

萧道成戎马生涯，却饱读经书，对于书法也勤学苦练，且水平颇高。他经常写一些字赐给臣下，一些人看了夸他写得好，都说："陛下的字天下无双。"因热爱书法，萧道成倡导经常举行书法比赛。

一天，他听说有个叫王僧虔的人是个大书法家，于是下诏让其到宫里来进行了一场书法比赛。王僧虔，官至侍中，为"书圣"王羲之的四世族孙，既继承了祖法，又有创新，在当时被誉为"天下第一"。

王僧虔满口答应。这下急坏了他的夫人，夫人说："你好糊涂，怎好答应与陛下比赛？若你要赢了，就会大祸临头——倒不如寻个借口不去了吧。"王僧虔摇摇头："既已领旨了，一定得去。夫人想了想说："那就故意写得差些，认输算了。"王僧虔又摇摇头："既是比赛，就应该全力投入，若是弄虚作假巴结主上，不是有丧人格了吗？夫人忧心忡忡，他自己反倒很轻松："不必担心，我自有办法应对。"

第二章　反应

皇宫里，文臣武将都到齐了，金銮殿正中的案上，已摆好了文房四宝。比赛开始，萧道成先出场，他趋步案前，右手提笔，左手挽起袍袖，屏息凝神挥洒起来。刚搁下笔，群臣叩拜于地，山呼万岁，齐声叫好。

萧道成面露得意之色，目视王僧虔："王爱卿，请吧。"

"臣领旨。"王僧虔说完，饱蘸浓墨，欣然落笔，龙飞蛇走，一气呵成。围观的大臣，又发出阵阵赞叹，碍着萧道成的面子，声音低了许多。

萧道成端坐龙椅，向群臣发问："众卿来评一评，是朕写得好，还是王爱卿写得好？"有人附和说："陛下写得好，陛下第一。"萧道成看了王僧虔一眼："王爱卿，你说说谁第一？"王僧虔却回答说："臣书第一。"

此言一出，许多大臣有些担心，暗自嘀咕：王僧虔，你怕是要惹恼皇上了。

萧道成脸色有些挂不住，面露愠怒，正待质问，王僧虔又说："不过陛下也是第一。"

萧道成疑惑地问："此话怎讲，怎么会两个第一？"

王僧虔答道："自古君有君纪，臣有臣纲，君臣怎可相提并论。臣的书法，在文武大臣中可称第一。陛下

 鬼谷子

写的字,自古以来没有哪个帝王可以胜过,所以陛下的书法,是皇帝中的第一。"

萧道成呵呵笑道:"历代帝王怕是没有一个比朕写得好的,朕就当仁不让了。"

不过萧道成自己心里明白,他的书法是不如王僧虔的好。

性格深沉为人宽厚的萧道成,常与手下大臣下围棋,直阁将军周覆、给事中褚思庄都曾和萧道成下过棋,而且一下就是很多局,并不觉得疲倦。一天,萧道成与周覆下棋,下到中途,忽然发觉不妙,想撤回走了棋子,这时周覆却用手按住了萧道成的手。萧道成笑笑,作罢。

二〇、赵鼎建议高宗

宋高宗任命赵鼎为川、陕都督,赵鼎上书说:"当初张浚出使川、陕,国势强于今天百倍,张浚有补天浴日之功,陛下有砺山带河之誓,君臣相互信任,古今没有第二例,但张浚最终还是被非议、被流放。如今,我没有张浚的功劳,却担任同样的使命,远离朝廷,怎么

第二章 反应

能避免被人议论呢？"又说："我所要求带走的军队不过几千人，其中一半都是老弱之兵；携带的金银丝帛也很少；荐举的人刚刚提名，就遭到别人弹劾。我每天跟随皇帝，想提点意见已感到十分艰难，何况现在要去万里之外呢？"当时，人们都力赵鼎外放而感到可惜。正好边境吃紧，告急文书纷至沓来，赵鼎每天忙于建议用兵的战略。等到告辞出发的这天，高宗突然改变主意，说："你怎么能远离朝廷呢？我准备拜你为相。"九月，任命赵鼎力尚书右仆射、同中书门下平章事兼知枢密院事。消息传开后，大臣们纷纷庆贺。

这时，伪齐王刘豫之子刘麟与金人合兵大举入侵，举朝震惊。赵鼎召集大家讨论计策，诸将都主张防守，唯独张俊主张进攻，赵鼎同意张俊的意见。有人劝说高宗逃跑，赵鼎说："战斗如果不能取得胜利，再离开都城也不迟。"高宗也表示："我当亲自统帅六军，在长江上与敌人作战。"赵鼎高兴地说："长年以来，我们不断因胆怯而退却，使敌人变得日益骄横，今天陛下亲征，一定会取得胜利！"于是，高宗下诏，命令张俊率部队支援韩世忠，命令刘光世进驻建康，并且督促韩世忠进兵。韩世忠前进到扬州，在大仪镇大败士兵。当初，敌

 鬼谷子

人入侵,警报交驰的时候,刘光世派人讥讽赵鼎说:"相公自己入蜀任职,为什么要替别人担当忧戚呢?"韩世忠也对别人说:"赵丞相真是个敢做敢为的人。"赵鼎听说后,恐怕高宗改变主意,乘机对他说:"陛下养兵十年,正好用在今天。如果稍微表示出一点退却的意思,马上就会人心涣散,长江天险也就挡不住敌人了。"等到报捷的消息不断传来,高宗正在平江,马上下诏声讨刘豫叛逆之罪,并准备亲自渡江决战。赵鼎劝阻道:"敌兵远来,速战速决对他们有利,与敌人正面交锋,不是好计策。况且刘豫只派了儿子来,在这种情况下,怎么能烦劳陛下亲自出马呢?"不久,签书枢密院事胡松年从长江上回来,说金齐军队正在大批集结,高宗这才信服了赵鼎的先见之明。

张浚被贬官后,很长时间内没有事做。赵鼎对皇帝说张浚可以委以重任,高宗便重新任用张浚参与枢密院的工作、并命令他到长江上视察部队。敌人久驻淮南,知道宋兵有了防备,渐渐开始考虑撤退。赵鼎说:"金人不能再有所作为了。"命令请将沿淮河狙击,连败金兵,敌人逃跑。高宗对赵鼎说:"近来将士们奋勇争先,各路地方官员也十分尽职,看来是我任用了你的缘故。"

赵鼎辞颂说:"都是陛下决断圣明,我没有出什么力。"有人问赵鼎:"金人发动全部军队来进攻,大家都十分畏惧,你却说不足惧怕,这是为什么呢?"赵鼎回答:"金兵虽然众多,却是被刘豫邀请而来的,并不是他们的本心,所以,打起仗来就不卖力,因此,我断定金兵不足惧怕。"高宗曾经对张浚说:"赵鼎是个真正的宰相,苍天派他来辅佐我中兴,可以说是宗庙社稷的荣幸啊!"金兵撤退后,赵鼎及时地建议高宗,尤其应该博采群言,制定善后的良策。于是,高宗诏令日颐浩等商议攻战防御的策略计划,制订战争与和平的两手战略。

二一、陈子昂的推销

陈子昂是唐代的大文学家,他年轻时上京赶考遭到排挤和阻碍,被取消了考试资格,然而仅隔了两个月,陈子昂不仅名声大振,甚至还得皇帝特赦,取得了补考机会并高中进士。那么,陈子昂是怎么做到这一切的呢?

陈子昂虽然出生在一个富商家庭,但却非常好学。24岁时,他带着自己的300篇文章来到京城考试,然而同时参考的还有好几位高官子弟,他们在预考中尝到了

鬼谷子

陈子昂的厉害，那些高官怕自己的子孙考不过他，就设计取消了陈子昂的考试资格。

一个月后，在京城最为繁华的一条街道上，出现了一位卖筝的老者，那是一把已有两百多年历史的珍贵古筝，开价一百万两银子。路人纷纷围观。

就在这时，陈子昂走进了人群，他仔细观察了一番古筝后，喜出望外地说："我终于找到了我想要的古筝了！一百万两银子，我买下了！"随后，陈子昂当场拿出银票，递到老者的手中。

陈子昂的慷慨引来了围观者的阵阵惊叹，他们纷纷提议陈子昂在这里演奏一段曲子。陈子昂四下里看了看说："如此好筝，又怎能在这种场合演奏呢？明天来我住的酒楼，我大摆宴席，请大家听曲。"说完，陈子昂把自己入住的酒楼告诉了大家，就带着古筝离开了。

围观者哪儿知道，那位卖琴的老者，只是陈子昂家的一位老管家而已，这所有的一切，都是陈子昂的安排。

次日，陈子昂抱着那把古筝，居高临下地坐在二楼主宾席上。酒宴开始后，他先是抚了抚古筝，做出要演奏的样子，又突然一把举起古筝，"叭"地一声砸在地上，古筝碎得稀巴烂。在场的所有人都惊呆了。

第二章　反应

这时，陈子昂站直了身子，大声地对大家说："四川陈子昂，最擅长写作，有诗文三百，区区一把古筝，又怎么能与我的文章相比？"

"你还会写文章？"在场的人更加好奇了，他们纷纷请求让陈子昂把文章拿出来让他们拜读。

陈子昂见时机成熟，立刻命酒楼老板把事先准备好的文章发放给大家阅读。因为之前陈子昂给大家的印象就已经是非比寻常，现在看他的文章，更觉得陈子昂高人一等，何况陈子昂的文采也确实是无可挑剔，在场的所有人都被折服了。

就这样，陈子昂名声在一天之内就传遍了整个北京城。三天之后，一位书商主动找到陈子昂，要求整理出版他的那三百篇诗文，也由此，陈子昂的首部传世著作《伯玉初集》问世了。

没有多久，陈子昂的文采随着这本书被当时的皇帝唐睿宗获知，求贤若渴的唐睿宗当即下令给陈子昂一个补考机会，最终，陈子昂高中进士，从此进入仕途，为百姓做了许多好事，并且写下了《陈子昂集》、《感遇》、《蓟丘览古赠卢居士藏用》等等流传千古的诗文集，成了一位名留青史的大文学家。

 鬼谷子

二二、皇太极招降祖大寿

明朝庄烈帝崇祯继位，提升祖大寿为前锋总兵，挂征辽前锋将军印，驻守锦州。清太宗皇太极曾致书祖大寿，商议派遣使节为明熹宗吊丧，同时祝贺新君继位，被祖大寿口书拒绝。过了两年，皇太极讨伐明朝，逼近首都北京。

袁崇焕率祖大寿人京护卫，崇祯帝在平台召见他们以示慰劳，命令他们在城东南列兵抗敌；袁崇焕中了清太宗的反间计，朝中大臣又议论他的"弓；敌议和"，于是崇祯帝对他不再信任，召他人宫严辞责问，然后将他捆绑下狱。祖大寿在一旁吓得毛骨惊立，唯恐连他一并诛杀，待出城之后，又听说吴三桂做为武经略，统率驻守宁远的兵将，不肯听从朝廷节制，而率部下东进，毁坏山海关出边，远近闻之，莫不震动。崇祯皇帝拿袁崇焕在狱中的书信招抚他，孙承宗也派人安抚他，私下里命令他上奏章自己检查错误，请求立功来赎袁崇焕所犯的罪过。祖大寿照着命令指示的办了，崇祯皇帝特地降旨答复他。第二年春，清军攻克水平等四城，太宗皇太极听说祖大寿家族居住于永平城的三十里村，派人前

第二章 反应

去将他们拘捕,共捕到祖大寿哥哥的一个儿子,他自己的的两个儿子以及家属和亲戚等,分出一处房子让他们居住,并用兵士来监督他们。清军出塞以后,由贝勒阿敏等率请将来驻守四城。孙承宗命令祖大寿与山西总兵马世龙、山东总兵杨绍基两军会师之后,率副将祖大乐、祖可法、张弘漠、刘天禄、曹恭诚、孟严等人攻打滦州,滦州攻下以后,便逼近永平城,阿敏等放弃四城引兵回师。于是祖大寿再次驻守锦州。

另外,第二年七月,祖大寿统率士兵在大凌河边筑城。皇太极决定趁他们的工程没有完成的机会去攻打他,亲自率兵渡过辽河,从广宁大道出兵,贝勒德格类等率领偏师从义州出兵。八月,清军到达祖大寿城下,这时太宗皇上说:"如果硬去攻城,恐怕会伤亡很多士卒,倒不如长期围困他们。如果城里的士兵出来,我们就与之交战;如果他们的援军来到,我们就迎头痛击。"于是便分别命令诸贝勒、将领们环城周围驻军扎营:冷格里抵挡城北往西部分,达尔哈抵挡城北的东部,阿巴泰在他的后面;觉罗色勒抵挡城的正南端,莽古尔泰、德格类在他的后面,篇古抵挡城南的西部,济尔哈期在他的后面;武纳格抵挡城南的东部,喀克笃礼抵挡城东

 鬼谷子

的北部，多择在他的后面；伊尔登抵挡城东的南部，多尔衮跟随其后；和硕图抵挡城西的北部，代善在他的后面，鄂本兑抵挡城的正西，叶臣抵挡城西南部，岳托在他的后面，各蒙古贝勒率领各自的部下穿插于上述各支部队间的空隙。佟养性率乌真超哈携炮横跨锦州大路设营，众将各自在驻地周围就近挖壕筑城，深、宽各约一丈。壕外为城墙高约一丈，设置了望孔；距离墙内侧五丈左右为堑壕。壕宽五尺，深六尺五寸。各营以外，又筑一道堑壕，宽、深都是五尺。皇太极登上城南山岗。对身边的明朝降将麻登云、黑云龙说："明朝善长射击的精兵几乎都在此城。关内兵力强弱，我早就知道。"麻登云回答说。"此城的明军，犹如枪虽有锋，而锋已受挫，只剩下一个空柄，有什么用呢？"皇太极命人用箭向城中射进一封书信，意在招城内蒙古兵出来投降。众将攻击城外的炮台，城堡，都相继攻下；城内明军出城砍柴的，都被清军俘获。设围十几天后，皇太极致书祖大寿，声言愿意与明朝议和，祖大寿对此置之不理。

　　明朝援军从松山来到。被阿山、劳萨、图鲁什击败；从锦州来的明朝援兵，被贝勒阿济格等击败。这年九月，明朝的辽东巡抚邱禾嘉，总兵吴襄、钟纬，合军

第二章 反应

七千人赴援,被皇太极亲自率领贝勒多铎及图鲁什等人用巴牙喇兵二百渡过小凌河,乘势击败了他们。由于对祖大寿的围困已经一个多月了,皇太极估计祖大寿一定期待援兵的到来之时,派城内兵士出城夹攻清军。于是令手下士兵到距城十里左右的地方,发炮树旗,让战马飞驰使烟尘四起,假装成从锦州来救援的明军,同时,皇太极却亲自率领巴牙喇兵在城外设下埋伏。结果祖大寿果真把城里的兵力派出攻打城西南端炮台,叶臣以及蒙古各贝勒督兵抵抗,皇太极亲自率领巴牙喇兵从山上冲下。祖大寿此时方知中计,急忙收兵回城,但已死伤了一百多人。从此他只好城门紧闭,不敢贸然出来。又过了一些天,明朝监军道张春和吴襄、钟纬等共有骑、步兵四万人前来援救,渡过小凌河,步步为营向城外逼近,皇太极与贝勒代善等用二万人迎战。皇太极率领两侧骑兵直闯敌营,箭射明军。明军枪炮齐发,皇太极率领骑兵纵横驰骋,箭如雨下,明军被打败。吴襄首先撤退,佟养性驻军在明援军东部开炮,顿时天边黑云四起,加之天刮西风,明军趁势放火,火势越来越猛,即将逼近清军阵地。此时突降大雨,风向转向明军,明军顿时大乱。清军右翼攻入张春大营,向北追出三十多

里，俘获了张春及其副将张弘漠、杨华征、薛大湖和参将姜新等三十三人，杀死了副将张吉甫、满库、王之敬，剩下的吴襄等人全都败走。

十月，皇太极再派人去招降祖大寿，并且让张弘漠等人用自己的经历劝写成书信劝祖大寿投降，'祖大寿率领属下将官在城外会见清军使者时说："我宁愿死在此也决不投降！"皇太极又一次致书祖大寿希望他前来归附，并许诺决不杀他。不久又有个叫王世龙的明将出城投降，据他说城中粮食已吃光，商贾杂役等人很多都被饿死，剩下的人甚至吃人活命，马匹已经全部死光。明参将王景又举于子章炮台来投降。清军攻克了护城炮台，同时征集钱粮，加固壕垒。祖大寿企图突围，始终无法冲出。于是皇太极再派姜新去招抚祖大寿，祖大寿在城外接见姜新，并派游击韩栋与姜新一起回到清军大营，韩栋被清军布防之严所震慑，回来告诉了祖大寿，这才决定投降。于是派他的儿子祖可法出城，要求石廷柱前来商议，皇太极派库尔缠、龙什、宁完我与石廷柱一起前往。石廷柱越过堑壕与祖大寿相见，祖大寿说："人哪有长生不死的，如今虽不能为国尽忠，只指望保住自身性命及妻子儿女罢了。我的妻子儿女在锦州，皇

第二章 反应

上准备用什么办法得以与妻子儿女们团圆呢?"皇太极于是命石廷柱前去告诉祖大寿,让他自己想办法。祖大寿派他的中军副将施大勇来说他投降以后,准备率随从假装败亡到锦州,然后寻找机会举锦州城投降。当时大凌河城众将都愿意投降,只有副将何可刚不从,祖大寿便派人将他绑到城外杀了。祖大寿派人送来誓言,皇太极也率领诸贝勒发誓说:"明朝总兵官祖大寿,副将刘天禄、张存仁、祖泽洪、祖泽润、祖可法、曹恭诚、韩大勋、孙定辽、裴国珍、陈邦选、李云、邓长春、刘毓英、窦承武、参将游击吴良辅、高光辉、刘士英、盛忠、祖泽远、胡弘先、祖克勇、祖邦武、施大勇、夏得胜、李一忠、刘良臣、张可范、萧永柞、韩栋、段学孔、张廉、吴泰成、方一元、涂应乾、陈变武、方献可、刘武元、杨名世等人,今天举大凌河城投降,所有这些将领无论官民不可加害,将吏官民也不许欺负他们。如果我们违背了誓言,必遭老天报应!"发誓完毕,皇太极派龙什前去告诉了祖大寿,祖大寿当天便出城拜见皇太极,皇太极与他交谈了很久,决定了取下锦州的对策,并将自己所穿戴的黑狐帽、貂裘、金玲珑鞋带、缎靴。雕鞍、白马赏赐给祖大寿。

二三、机不可失

"机不可失"这个典故出自《旧唐书·李靖传》,意思是时机不可错过。

这个典故的主角是唐初著名军事家李靖,他是曾经帮助唐高祖李渊建立唐王朝的功臣。

李靖是陕西三原人,生于公元571年,死于公元649年,著有一部兵书,叫《李卫公兵法》,原书遗失了,只是《通典》中还保留了部分内容。

高祖武德四年,即公元621年,李靖上书给李渊,献计平定割据长江中游地区的萧铣。

李渊采纳了李靖的计策,并任命他为行军总管,兼任行军长史,随李渊的堂侄儿李孝恭,率兵南下去平定萧铣。

这年的八月,唐军开到夔州。萧铣以为秋汛江水上涨,三峡路险,唐军必然不敢轻易冒进,因此丝毫没作防备。

到了九月,李孝恭、李靖继续领兵前进,准备渡长江,下三峡,直捣萧铣的巢穴江陵。但许多将领觉得水

第二章　反应

涨时渡江太危险了，要求等水位下降后再进兵。

李靖听后，坚决反对。他说："兵贵神速，机不可失。"也就是说，打仗时军事行动一定要快，遇到好的时机就决不能让它失掉；只有出其不意，攻其不备，才能打胜仗。

李孝恭听从了他的意见，进兵夷陵。萧铣派部将文士弘率领精兵数万，屯扎在清江，准备抵挡唐军。

李孝恭打算出击萧铣，李靖却不赞成。他说："文士弘是萧铣手下的一员猛将，他的士兵很勇敢，最近他们刚失掉荆门，官兵们肚子里都憋着气，要跟我们拼一拼，恐怕我们一时还很难打败他们。不如暂驻扎在南岸，等敌军士气衰落时再出击。"

李靖这次的意见没有被采纳。李孝恭命令李靖留守大营，自己带了部队出战，结果被杀得大败而归。敌军乘机前进，大肆抢掠。

李靖看到敌兵将抢来的东西大包小包带在身上，就乘机出击，大破敌军，此战共缴获四百多艘战船，杀死敌兵近万人，挽救了危局。

接着，李靖率五千精兵为先锋，轻装前进，向江陵进发。他接连打败萧铣手下的几员大将，把萧铣包围在

城里。萧铣在内无粮草、外无救兵的情况下，只好出城请降。唐军整队入城，秋毫无犯。

唐太宗时，李靖被任为兵部尚书、尚书右仆射等职，后封卫国公。他的"兵贵神速，机不可失"的作战指导思想，至今仍被军事家们奉为至理名言。

1929年12月，中国工农红军第11军第32师进攻商城的战斗，就是很好的一个例子。当时，国民党河南商城县地方实力派与暂编第2旅发生内讧，双方在商城北乡展开了一场混战。红军32师认为这是一个攻取商城的大好时机，于是在12月24日夜，从商城东南的余子店出发，奔袭商城。第二天，红军先以少数兵力化装成商人、农民，潜入城区，迅速消灭守卫城门的哨兵。控制南城门后，红军主力趁机突入城内。经过激战，全歼国民党守军三百多人，占领了商城。

二四、风流人物

此典出自苏轼《念奴娇·赤壁怀古》："大江东去，浪淘尽，千古风流人物。"

成语"风流人物"中的"风流"二字，原是杰出

第二章 反应

的或者是英俊的意思,"英俊"在这里,不是就相貌而言的,而是指一个人的文韬武略出众。杰出的或英俊的人物,一般是指对一定时代有一定影响的人物。说起"风流人物"的典源,就是苏轼所作的《念奴娇·赤壁怀古》。

苏轼是我国唐宋八大家之一,他一生写下了许多至今还被人们广为传唱的名词佳句,《念奴娇·赤壁怀古》就是其中一例。在这首词中,诗人面对三国时期赤壁大战的古战场,由衷地发出了"大江东去,浪淘尽,千古风流人物"的感慨。大江,当指长江,意思是说,长江滚滚,终日不停地向东奔流,那汹涌澎湃的浪潮,淘洗尽了千古以来无数的杰出人物。诗人笔下的大江东去,代表着时间巨流的无情流逝,它带走了岁月,也带走了像周瑜这样的千古英雄。苏轼借这句词,感叹世上英雄人物的盛衰无常。可以说是气势雄伟,意境悲凉,从古以来为人称道,影响至今。罗贯中后来写《三国演义》,卷首词:"滚滚长江东逝水,浪花淘尽英雄",就是由这句词演变而来的。1998年,在那场人与自然的生死大搏斗中,军旅诗作家张卓娅、王祖皆在题为《你就是英雄》这首歌里,写下了"大江东流去,千古看英雄,惊

 鬼谷子

涛拍岸谁人勇,人民子弟兵",也是借鉴了苏轼的《赤壁怀古》,表达了人民群众对抗洪英雄无限崇敬的心情,不过,这首歌里提到的英雄,却不是古人所说的英雄,在对象上有了不同。

1945年重庆谈判期间,应爱国诗人柳亚子先生的要求,毛泽东亲笔书写了他初到陕北看到大雪时写下的一首咏雪诗,赠给柳亚子先生。11月14日,重庆《新民报晚刊》全文刊登这首诗,这就是《沁园春·雪》。全文是这样的:

北国风光,千里冰封,万里雪飘。望长城内外,惟余莽莽;大河上下,顿失滔滔。山舞银蛇,原驰蜡象,欲与天公试比高。须晴日,看红装素裹,分外妖娆。江山如此多娇,引无数英雄竞折腰。惜秦皇汉武,略输文采,唐宗宋祖,稍逊风骚。一代天骄,成吉思汗,只识弯弓射大雕。俱往矣,数风流人物,还看今朝。

这首诗的上半段,描绘了祖国山河的妩媚壮丽,景色万千;下半段写江山如此秀美,无数英雄为之倾倒,争相为其奔走操劳。诗文发表之后,引起一场轩然大波,一时轰动了山城重庆。议论的焦点,是诗中的"数风流人物,还看今朝",究竟指的是谁。

因为诗中说，论起古往今来的一辈辈英雄，可惜宏图大略的秦始皇和汉武帝，在文治方面要比他们的武功差一些；开创基业的唐太宗和宋太祖，辞藻和才华要欠缺一点；号称天之骄子的成吉思汗，不过懂一些挽弓射猎的武艺，历史上的这些英雄豪杰都已经随着时间逝去了。而真正的英雄豪杰，要看今天。为此，人们纷纷猜测，今天的英雄豪杰究竟是谁呢？后来，毛泽东自己注解，是指人民群众。在他的眼里，人民才是真正的英雄，是推动历史前进的真正动力。那时，他就预见到，一个中国人民主宰自己命运和决定历史发展前进方向的时代已经到来了。他满怀喜悦迎接这个时代，在自己的笔下把风流人物的对象从帝王将相改变为人民大众，还了历史的本来面目，也赋予了"风流人物"这句成语更广阔更深刻的内涵。

二五、白鱼入舟

"白鱼入舟"比喻用兵的吉祥征兆。

此典出自《史记·周本纪》：武王渡河，中流，白鱼跃入王舟中，武王俯取以祭。

鬼谷子

公元前十一世纪中叶,周武王率兵东进到黄河孟津渡口(现在的河南省孟县西南),大会诸侯。据说到会的有八百诸侯,盛况空前。这既是一次示威,又是一次政治攻势,目的在于集结力量,伺机征伐残暴无道的纣王。两年以后,周武王发动了灭商战争,纣王走投无路,自焚而死,商朝至此灭亡了。

在周武王率兵东进孟津时,发生了一件有趣的事:武王率兵渡河,当船渡到黄河中间的时候,一条鳞光闪闪的白鱼跳到武王乘坐的船上。武王立即捉住这条鱼用它来祭天。

二六、白雁落网

"白雁落网"告诉我们,猎人用诡计欺骗了大雁;狡猾的敌人也常常是用诡计欺骗我们的。

此典出自《燕书》。

具区湖畔是大雁经常聚集的地方。到了晚上,它们总在那里选择合适的地方栖息。大雁怕被人捕获,就安排一只雁在周围巡夜放哨,一旦发现有人来,就鸣叫报警。

第二章　反应

　　猎人们熟悉了大雁的这一套方法，于是在捕获大雁的时候，就先举火照耀。这时放哨的大雁看见了火光，立刻叫起来，猎人便很快把火灭掉。群雁被叫声惊起，环顾四周，发现毫无动静，于是又睡了。这样折腾了好几次，群雁以为雁哨故意欺骗它们，就都去啄它。

　　没过多久，猎人们举着火把来到雁群跟前，雁哨也不再叫了，于是正在酣睡的大雁们就会被一网打尽。